教学余议

赵旭东　著

吉林大学出版社

·长春·

图书在版编目（CIP）数据

教学余议 / 赵旭东著 . ——长春：吉林大学出版社，2019.9
ISBN 978-7-5692-5743-4

I.①教… II.①赵… III.①汉语－教学研究－文集 IV.①H19-53

中国版本图书馆 CIP 数据核字 (2019) 第 232222 号

书　　　名：教学余议

JIAOXUE YUYI

作　　　者：赵旭东　著
策划编辑：朱　进
责任编辑：矫　正
责任校对：朱　进
装帧设计：童慧燕
出版发行：吉林大学出版社
社　　　址：长春市人民大街 4059 号
邮政编码：130021
发行电话：0431-89580028/29/21
网　　　址：http://www.jlup.com.cn
电子邮箱：jdcbs@jlu.edu.cn
印　　　刷：三河市嵩川印刷有限公司
开　　　本：787mm×1092mm　　1/16
印　　　张：10.75
字　　　数：190 千字
版　　　次：2019 年 9 月第 1 版
印　　　次：2023 年 7 月第 2 次
书　　　号：ISBN 978-7-5692-5743-4
定　　　价：38.00 元

作者简介

　　赵旭东，1937年生，河南南阳人。1960年毕业于河南大学中文系。河南省语言学会理事，黄淮学院教授、中文系主任，河南省优秀教师。1997年退休。曾在《郑州大学学报》《信阳师范学院学报》《天中学刊》等刊物发表论文多篇。主要论著有：《中国古代童趣诗注评》《古代诗词小序研究》《汉语派遣义用词浅论》《〈孟子〉中的起承组合句》《汝南方言语音词汇述略》等。

前　言

　　这本文集终于决定出版了。说来话长，其实早在刚退休的时候，就有出集子的念头，只是想再多写些东西，所以未做决定。谁知事不由人，一些这样那样的原因，教人总是坐不下来，计划也就一直未能兑现。到如今转眼年龄已过八旬，写东西的主意只好就此打住，心想：何必孜孜以求呢，有多少是多少，出本小书也可以，总比让这些作品散落在各个角落要好些吧。于是，便决定出版了。

　　这里所收的或长或短共十九篇文章，大都是退休前十几年的旧作，也大都公开发表过。那时我是"双肩挑"，既教课，又兼系里行政工作，忙得焦头烂额，写东西都是挤时间完成的，连寒暑假都没好好休息过。但，这些文章在那时还不是经申报、审批课题后的科研成果，而是在教学过程中，在备课、讲课、辅导、改作业的过程中，发现问题，然后翻图书、查资料、记卡片，分析、综合、找答案，最后才写出的。因此，只能说是一些教学工作的总结。比如，古代文学中表示"派遣"义时，或用"使"，或用"遣"，就是不用"派"，为什么后来会出现"派"字了呢？何时出现的呢？我就带着问题翻书、找资料，用了整整一个暑假的工夫，最后才有了自己满意的答案。这便是《汉语派遣义用词浅论》一文写出的经过。再如，讲古代诗词，发现不少作者常在题目下加个或长或短的序。为什么要这样做呢？序和诗词有什么关系？为了加深理解，就把许多有序的诗词拿来仔细阅读、比较、分析，反复推敲，最后归纳出一些规律，写出了《古代诗词小序研究》一文。所以说，我的作品都是些教学工作的总结。课堂上把要讲的话都讲完了，课后把教学过程中一些心得体会总结一下，写成文章，如此而已。也就是基于这种认识，我把文集命名为《教学余议》。

我的教龄有三十七年。这中间，教高中约占近三分之一的时间，其余三分之二多点的时间是先在中师后在高校担课。尽管从事教学工作为时不短，但因大学时学的东西太少，先天不足，所以工作起来深感困难。我常把自己比作笨鸟，比作驽马。是笨鸟，就得先飞、多飞；是驽马，就得自策自励，加劲儿奔跑，虽十驾而不敢惜蹄。总觉得只有付出"人一能之，己百之"的努力，才能对得起学生。所以，我珍惜时间，努力加强业务进修。过去学的俄语、英语快忘完了，就到电大再学二年英语；并自带行李到中国音韵学会在武汉办的研讨班进修汉语音韵学。尽管我的工作，历次教学评估均获优秀成绩，连年被评为学校模范，一九八七年还被评为河南省优秀教师，受到省教委的表彰，但我觉得，自己只是个勤勤恳恳、辛辛苦苦的"拼命三郎"，而不是那从容不迫、游刃有余的老行家。如今已退休二十多年，不工作了，如释重负，可以长舒一口气，好好休息。但回顾过去三十七年的教学生涯，我有一个深刻的体会：事业和工作的压力，会形成一种强烈的使命感，督促人开足马力，拼命奋斗；而且不仅会增长知识，丰富经验，还能有所发现，有所创造。退休前那么忙，还能写点东西，退休后却一事无成，便是明证。或许别人也会有这种体会吧。

我把这本文集的内容分为汉语篇、文学篇、社会篇和方言篇四部分。汉语篇里，又按音韵、文字、词汇、语法和修辞的顺序排列。我是学中文的，汉语、文学是我的本行，就排在前面。此外，我是社会一员，教学之余当然也关心社会问题，所以就有了后面的社会篇。方言篇按理说应并入汉语篇里，但由于文中图表较多，单独立类，放在最后，较为合适。需要说明的是，最后附录里的两份资料，那是我在汝南师范工作时，所做的方言调查的重要内容。事情是这样：那一年到郑州参加河南省语言学会年会，方言组长卢甲文同志交给我一个任务，说由于汝南在豫南区域有重要的历史地位，汝南话对该地区有着长期的深刻影响，所以要我调查汝南方言。于是，我在两年时间里利用工作之余做调查，写出了《汝南方言调查纪实》资料一本。后来，还在这份《纪实》的基础上，写出《汝南方言语音、词汇述略》一文，在《天中学刊》发表。但发表的文章只是"述略"，并非《纪实》的全貌，所以这次出集子，就把《纪实》中有重要价值的同音字表和词汇两部分作为附录收在其中。曾经付出辛劳，如今不忍割舍——这是我的真实思想。

　　最后还需要说明的是,本书的出版,全靠我家人的鼎力相助:小儿子歌平,在百忙中帮我拍照原文、输入电脑、制作图表、编排调整、标音、校对,直到基本无错,才发给我做最后审查;大孙子凌宇,打电话、找朋友,积极帮我联系出版事宜;孙媳山林,在国外读博,还要挤时间帮我设计封面。没有他们的帮助,文集的出版绝无可能,所以还真得感谢他们。

　　谨以上述琐碎的说明,作为本书的序言。

赵旭东

2019 年 3 月于黄淮学院寓所

目 录

形声字与语文教学

一、利用形声字提高识字教学的效率

按形声字半声半义的结构特点,把一些汉字加以适当的编排、比较和类推,可使学生迅速掌握成批的汉字。如,掏揣捏搁搓,因形旁不同而读音有别,但形旁"扌"表示都代表一种与手有关的动作;沦轮抡纶伦,因形旁不同而意义相异,但声旁"仑"表示都读 lun。学生懂得了这些道理,就能类推出许多字可能的读音和意义范围,还可利用部首(大都是形旁)检字法和音序检字法查字典,把虽经类推而仍拿不准的字音或字形迅速搞清楚。如倔,是否读 qu?用音序法在 qu 音部分查无此字,可按部首从"亻"部找到读音是 jue。爬,形旁是"爪"还是"瓜"?用音序法可很快弄清是"爪"。这样,识字教学便能收到事半功倍的效果。

但由于汉字的发展变化,有些字音只与其声旁近似,如,访、放,与"方"音同调异;银、恨,与"艮"仅韵母近似。还有些字音已不能由声旁推断,如,特忒峙持,现在都不读"寺"音。也还有些字,已很难认出声旁了。如,颖、成,声旁分别是"顷"和"丁"。

二、利用形声字辨正方音,推广普通话

1.用声旁适当类推法辨正方音

声旁可提供方音辨正的方法。如,在有些方言区以 zh、ch、sh 和 z、c、s 为声母的两类字读音不分,要区别开,可把为数较少的 z、c、s 类的同声旁代表字,编成下面的材料来读:z 声的——兹作曾子责资造,尊卒澡匝赞祖

宗；c声的——崔曹窜蔡搓粹醋，从此采参才寸仓；s声的——孙四思叟速司散，遂唆斯素锁桑松。记熟这些字，便可通过同声旁类推，把上述两类字中相当大的一部分区别开来。如棕，以z声的“宗”为声旁；蹉，与c声的“搓”同声旁，故声母应分别是z和c。但也有例外，如，债，虽以z声的“责”为声旁，却属zh声。这需要个别记忆。

2.利用能保持古音的形声字辨正方音

上古以重唇音b、P为声母的字，中古以后都变成轻唇的f声母字了。但今天普通话里，以某些f声母字为声旁的形声字，却仍保持着上古的b、p音。这就给我们提供了一个区分h、f两类字的方法：某字添上形旁（已是形声字的要改换形旁）可读b、p声时，则其声母是f，不是h。如有人“分”“昏”相混，“返”“缓”相混，可根据“分”添上形旁成“扮”“盆”，“返”改换形旁成“板”“叛”，都读b、P声的情况，而知“分”与“返”皆f声母，与h声母的“昏”“缓”不同。

以zh、ch为声母的字，有一部分上古是d、t声，所以zh、ch和z、c两类字也可按上述道理加以区别：若某字添上（或改换）形旁可读d、t声，则该字的声母是zh、ch，不是z、c。如方言里“召”“兆”与“糟”“造”相混，“著”“除”与“阻”“促”相混，但“召”“兆”与“著”“除”添上或改换形旁可成“迢”“桃”与“堵”“途”，都读d、t声，所以召兆著除的声母是zh、ch。

三、利用形声字帮助学生纠正错别字

学生写错别字往往与混淆声旁或形旁有关，所以应从以下两方面加以纠正：

1）要弄清相似的声旁的读音。如，“仑”与“仓”很相似，但仑音lun，做声旁可构成抡、沦、论等字；仓音cang，做声旁可构成抢、苍、舱等字。“叚”与“段”也相似，但叚音近jia，可构成假、暇、霞等字；段音duan，可构成缎、锻等字。

2）要区分相似的形旁的笔画。如，“衤”与“礻”，“阝”与“卩”，“癶”与“癶”。还要弄清形旁所表示的词义类别，如，缜和慎，缜从“纟”，与丝麻有关，是缜密的缜；慎从“忄”，“忄”即心，与心理有关，是谨慎的慎。其他如盲和肓、赌和睹，都可这样加以区别。

四、利用形声字区分某些多义词的本义和引申义

汉字是形、音、义的统一体,造字意图一般与字形有关。所以如果知道了单音词的几个意义,便可"以形说义",通过形旁(或声旁)的形体分析,将其本义和派生的引申义区别开来,以加深学生对词义的理解。试以高、初中语文练习中提出的两个多义词为例简析之:

1. 故 "公问其故",原因、缘故;"广故数言欲亡",故意;"两狼之并驱如故",旧,原来;"故虽有名马,祇辱于奴隶人之手",因此,所以;《庄子·胠箧》:"圣人已死,则大盗不起,天下平而无故矣",事故。《说文》:"故,使为之也;从攴,古声。""攴,小击也;从又、卜声。"形旁攴(攵)一般表示打击或某种动作行为。段玉裁说,"故"从"攴",是"取使之之意",因"凡为之必有使之者,使之而为之,则成故事矣",所以,"故","今俗云原故是也。"可见,"原因"是本义,又常用作连词,表示"所以""因此";其他如事故、旧、故意,都是引申义。

2. 时 "时已过午",时候、时间;"时浓雾半作半止",那时、当时;"时出为碧崂,时没为银海",有时候;《孟子·梁惠王上》:"不违农时,谷不可胜食也",季节(指春、夏、秋、冬)。时,繁体作時。《说文》:"時,四时也;从日,寺声。"日,作为形旁,表示天文方面的意义。天因日行而分春、夏、秋、冬四时,万物才能应节期而至。可见,季节是时的本义,其他凡岁月日刻之类皆引申义。

但是,后起的形声字的所谓"形旁",可能与本义根本无关。如"影",似从"彡",景声,其实此字古作景,从日、京声。同样,简化字惊、丛(繁体作驚、叢)的"忄""一",也与其本义无关。

总之,语文教学既要引导学生认、记汉字,辨析词义,就不能不对占汉字绝大部分的形声字加以研究和利用。但是,由于社会的发展和汉字本身的变化,形声字的这个作用又是有局限性的,不能单纯地依赖它。

(本文发表于人民教育出版社《中学语文教学》1982 年第 10 期,收入本书时题目有改动)

汉语尖团音简说

　　汉语的方言分歧,主要表现在语音上,其中尖团音分混的差别,便相当显著。什么是尖音和团音？凡声母 z、c、s 跟 i、ü 或 i、ü 开头的韵母相拼,如"迹、妻、西",读 zi、ci、si,叫尖音;声母 j、q、x 跟 i、ü 或 i、ü 开头的韵母相拼,如"基、欺、希",读 ji、qi、xi,叫团音。

　　在汉语各方言区里,分尖团的问题涉及面不小。据中国科学院语言研究所 1955 年所做的通信调查可知,北方话以外的其他方言（如:吴方言、闽方言、湘方言、粤方言和客家方言）,大多数是分尖团的。就是在北方话区,虽有 80% 的方言不分尖团,但毕竟还有占总数 20% 的方言是分尖团的。它们集中在河北西南部如石家庄、邯郸,山东东部如青岛、烟台,山东河南交界处如荷泽、商丘,河南郑州及西南部的洛阳、南阳、驻马店以西,陕西部分地区如宝鸡等。在常用汉字里,读尖音的约七百多个,共 34 个音节;读团音的约一千多个,共 42 个音节。分尖团的问题既然涉及这么多地区,这么多字和音节,可见是汉语方言里一个值得重视的问题。

　　语言是发展的,现代汉语的语音是从古代汉语的语音发展来的,分尖团的情况也由来已久。中古有所谓三十六母（声母代表字）,其中一类是:见、溪、群、晓、匣,另一类是:精、清、从、心、邪。"见"类声母和齐、撮呼韵母（即 i、ü 或 i、ü 起头的韵母）相拼的,如"饥、欺、巨、希、系",属团音;"精"类声母和齐、撮呼韵母相拼的,如"积、妻、聚、惜、席",属尖音。历史上的一些语文著作,在记录汉字字音的时候也分尖团音,如《广韵》《集韵》《中原音韵》和《五方元音》等。可见,分尖团问题是汉语史上的一个老问题。

　　但以现代北京音为标准音的普通话却不分尖团,在北京音里,没有尖音,中古时的尖音都并入团音了。这种现象,正如明朝音韵学家陈第所说:"时有古今,地有南北,字有更改,音有转移。"也就是说,某种语言或方言的语音,在一定的时间、地点和条件下,是要按照其内部特殊的规律发展变化的。在北京方言里,中古的"精""见"两类声母,由于受韵母的开口呼、合口呼和齐齿呼、撮口呼不同条件的影响,又各分化为两种声母:"精"类分化为z、c、s 和 j、q、x,"见"类分化为 g、k、h 和 j、q、x。于是,"精""见"两类里的齐、撮字都读 j、q、x 了。这说明普通话里的声母 j、q、x 有两个来源:一部分(约占三分之二)是从中古"见"类声母里分化出来的,另一部分(约占三分之一)是从中古"精"类声母里分化出来的。其分化情况如图:

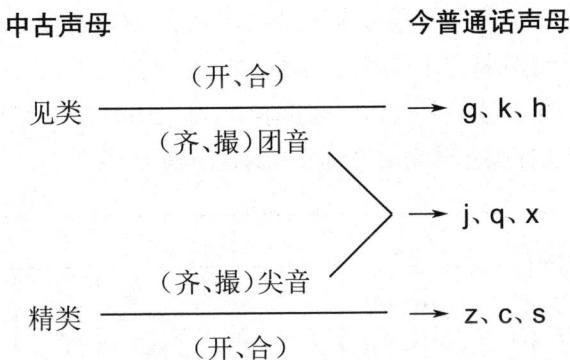

中古声母　　　　　　　　　　　　　**今普通话声母**

见类 ——————(开、合)—————→ g、k、h
　　　　　(齐、撮)团音
　　　　　　　　　　　　　　　　　　→ j、q、x
　　　　　(齐、撮)尖音
精类 ——————(开、合)—————→ z、c、s

　　但"见"类的分化不仅所占方言区比"精"类分化区大,而且为时也较"精"类分化早。据考证,成书于 14 世纪的《中原音韵》时代,"见"类不管开、齐、合、撮,还一律读作 g、k、h,并未出现分化;而到了 16 世纪,某些地区便有人把其中的齐、撮字读成 j、q、x 了。至于"精"类齐、撮呼之由 z、c、s 发展成为 j、q、x,则直到 18 世纪无名氏的《圆音正考》里才被提出来。在其他分尖团的方言里,"见"类齐、撮呼既有发展成为 j、q、x 的,也有保存古音 g、k、h 的,但"精"类齐、撮呼直到现在还大都是 z、c、s。另外,有的地方齐、撮两呼分尖团的情况还不同,如浙江温岭,在 i 前不分尖团,在 ü 前分尖团,倒是特殊情况。总之,古音是分尖团的,现代某些方言区也仍是分尖团的,但在北京等方言里,却早已由分趋合了。

　　那么,中古"精""见"两类声母为什么能分化出新声母 j、q、x 呢?这应该到语音发展变化的内部规律中去找原因。原来"见"类的 g、k、h,发音时要与软颚接触,而齐、撮中的前高元音 i、ü,却都是舌前部向硬颚翘起,这样,按照发音程序,就得先翘舌根,再马上放下去翘舌前部,迅速改变发音部位。于是,在减少舌头劳动量、克服发音困难的自然趋势下,g、k、h 便有可能渐渐向前演变为倾向于 i、ü 部位的 j、q、x 了。同样,"精"类的 z、c、s,发音时舌头要与齿背相接,这与 i、ü 的部位也有矛盾,所以也有可能自然地向后移动而演变为倾向于 i、ü 部位的 j、q、x。就这样,"精""见"两类齐、撮字音便被分化出来而合流为新声母 j、q、x 了。舌根音 g、k、h 和舌尖音 z、c、s,在前高元音 i、ü 的影响下都演变为舌面音 j、q、x 的这种现象,语言学上叫作同化作用;由于这种变化是从一个时代到另一个时代的漫长过程中才能完成的,所以也叫历史音变。但这种变化只是一种可能的倾向,并不是必然的结果,所以某些方言区的"精"类音或"见"类音,至今仍未发生分化,基本上还保持着中古时的尖团分立状态。

不分尖团的方言只有团音,情况较单纯;分尖团的方言,可就复杂了。现把各方言区分尖团的大致情况与北京音对比表列于下:

尖团音	例字	中古声母（代表字）	北京	郑州 河南	吴方言 上海	湘方言 长沙	青岛 胶东	闽方言 福州	粤方言 广州	客家方言 梅县
尖音	积	精	j	z	z	z	z	z	z	z
	妻	清	q	c	c	c	c	c	c	C
	聚	从	j	z	s"	z	z	z	z	c
	惜	心	x	s	s	s	s	s	s	s
	席	邪	x	s	s"	s	s	s	z	s
团音	饥	见	j	j	j	j	g[c]	g	g	g
	欺	溪	q	q	q	q	k[c']	k	h	k
	巨	群	j	j	j"	j	g[c]	g	g	k
	希	晓	x	x	x	x	h[ç]	h	h	h
	系	匣	x	x	x	x	h[ç]	h	h	h

注：中古"精"类的"聚""席"和"见"类的"巨""系"四字，声母为全浊音。在现代北方话区（如北京、河南等地）均已演变为清音声母了，但在东南某些方言区演变情况却较复杂，如现代吴方言仍大都读浊音，这种音图表里用声母右上方加""""表示：s"即国际音标 [z]，j"即国际音标 [dʒ]。

从这个比较表里不难看出：在分尖团的各方言里，"精"类字大都保持着 z、c、s（具体发音部位略有差异）；"见"类字则由于舌根音发音部位的保持和演变，出现了舌面化和未舌面化两种情况，因而分尖团的方言也被俨然划分为两大类型：

一、郑州型：包括吴方言、湘方言和河南、河北等北方话区的一些分尖团方言，特点是：g、k、h 均已变为舌面音 j、q、x，不过吴方言仍保存中古的浊音系统，其他方言的古浊音则已清化；

二、青岛型：包括胶东半岛话、闽方言、粤方言和客家方言，特点是：g、k、h 仍都保持着舌根部位，不过青岛的 g、k、h 实际发音部位也在舌面，用国际音标表示即舌面塞音 [c] [c'] [ç]，闽、粤、客家方言都属于或接近这种情况。

从全国来讲，尖音并入团音是个总趋势。尤其是在汉语最大的方言区——北方话区。在人们交际频繁的大都市，由于受方言集中的影响较大，尖团音合流的情况也就比较普遍，而且其区域范围还在不断扩大，一百年前还分尖团音的西安、开封，现在一般都不分了，就是在读书音和白话音各成系统的闽南方言里，其白话音虽代表着闽南话自身发展长期形成的独特的方言面貌，但其读书音却也表现出了向民族共同语靠拢的趋势，是比较接近北京音系统的。当然，历史音变是一种有规律的语言现象，这种规律是受时间、地点和各种不同的条件制约的，它只能在一定的历史时期内，一定的地域范围内和一定的条件下才能起作用。不同的方言，不仅有着各自独特的语音系统，也有着各自独特的语音变化规律。所以，中古时同样的语音，后来在这种方言里变化了，但在另一种方言里却没有变化；即使有变化，其结果也不一定相同。这便是汉语尖团音的由分趋并，在各种方言里表现出不同类型的原因。

方音辨正，是推广普通话、促进现代汉语规范化的需要。分尖团区的人们，须根据各自方言与普通话的对应规律认真纠正方音。这并不困难，它其实要比区分声母是舌尖前音 z、c、s 和舌尖后音 zh、ch、sh 的两类字要容易得多,只需记住把尖团两类字都改成舌面前音 j、q、x 即可。例如,河南各尖音区只要将尖音改为团音,即将齐、撮两呼韵母前的 z、c、s 分别改为 j、q、x 就行了。

（本文见收于全国教育学院、师专古汉语教学研究会年会论文集之三《古汉语教学研究》, 1986）

汉语派遣义用词浅论

　　所谓派遣,参照《现代汉语词典》的解释,可知是政府、机关、团体、上级、长辈等命人到某处做某项工作的意思。从上古至今,汉语派遣义用词常见的有十数个,即：使、遣、发、差、差遣、着、打发、派、派遣、差派、委派等。就派遣义而言,这些词都是同义词,只是盛行的时代有所不同。大体上说来,上古和中古多用"使"和"遣";近古除用"遣"外,还用"差"和"着";清代始用"派"字,至乾隆时渐多;最后随着白话文的普及和北方话影响的扩大,统一用"派"。

　　本书试从派遣义用词的历史演变、"派"字优势地位的确立及其派遣义的产生根源等方面,谈谈自己的看法。

一、历代派遣义用词概况

　　上古表派遣义,多用"使",也用"遣"。这可以从一些经典著作或其他有代表性的著作中找到例证。

　　1.成书于战国中期的《左传》,习惯用"使"。如：

　　(1)郑伯使祭足劳王,且问左右。(桓公五年)

　　(2)夏,楚子使屈完如师。(僖公四年)

　　(3)秦伯使公子絷如晋师。(僖公二十三、二十四年)

　　(4)宋人使门尹般如晋师告急。(僖公二十八年)

　　(5)齐侯使晏婴请继室于晋。(昭公三年)

　　2.一般被认为是战国初期著作的《国语》,也习惯用"使"。如：

　　(1)遂使之行成于吴。(越语)

（2）寡君勾践之无所使,使其下臣种,不敢彻声闻于天王,私于下执事,曰……（越语）

3.战国末年开始流传而到西汉末年始编定的《战国策》,既用"使",也用"遣"。如:

（1）天帝使我长百兽。（楚策）

（2）因使人索六城于赵而讲。（赵策三）

（3）燕王拜送于庭,使使以闻大王。（燕策）

（4）齐王闻之,君臣恐惧,遣太傅赍黄金千斤,文车二驷,服剑一,封书谢孟尝君。（齐策四）

（5）丹请先遣秦武阳!（燕策）

4.《论语》《孟子》《韩非子》等诸子散文,也多用"使"。如:

（1）孔子过之,使子路问津焉。（《论语·微子》）

（2）舜使益掌火,益烈山泽而焚之,禽兽逃匿。（《孟子·滕文公上》）

（3）齐将攻鲁,鲁使子贡说之。（《韩非子·五蠹》）

到了西汉,除用"使"和"遣"外,还用"发"字。

1.西汉司马迁的《史记》,多用"使"和"遣",有时用"发"。如:

（1）沛公已出,项王使都尉陈平召沛公。（《项羽本纪》）

（2）魏王患之,使使往请公子。（《魏公子列传》）

（3）所以遣将守关者,备他盗之出入与非常也。（《项羽本纪》）

（4）诸侯闻公子将,各遣将将兵救魏。（《魏公子列传》）

（5）王知之,令相国昌平君昌文君发卒攻毒。（《秦始皇本纪》）

2.东汉班固的《汉书》,多用"遣",也用"发"和"使"。如:

（1）间者匈奴数寇边境,故遣将抚师。（《武帝纪》）

（2）匈奴遣兵击之,不胜,益以为神而远之。（《张骞传》）

（3）单于壮其节,朝夕遣人侯问武,而收系张胜。（《苏武传》）

（4）乌孙发译道送骞。（《张骞传》）

到中古唐、宋时期,主要用"遣",有时用"发"。

1.唐、五代时的传奇小说和史书,主要用"遣"。如:

（1）……跪拜生曰:"槐安国王遣小臣致命奉邀。"（李公佐:《南柯太守传》）

（2）生遂遣家僮疾往候之。（同上）

（3）贞观八年,其赞普弃宗弄赞始遣使朝贡。(《旧唐书·吐蕃传》)

（4）仍遣酋豪子弟,请入国学以习《诗》《书》。(同上)

2.宋代司马光主编的《资治通鉴》,也主要用"遣"。如:

（1）民每十丁遣一兵。(《淝水之战》)

（2）桓冲深以根本为忧,遣精锐三千入卫京师。(同上)

（3）刘备在樊口,日遣逻吏于水次候望权军。(《赤壁之战》)

（4）卿与子敬、程公便在前发,孤当续发人众,多载资粮,为卿后援。(同上)

到近古元、明、清时代,除用"遣"和"差"外,也用"着""使""差遣""打发"和"派",可谓多种派遣义动词的杂用期。但到清代中期和后期,"派"字用得渐多,且逐步发展成能取代其他派遣义动词的趋势。下面从几部文学名著中选择例句以说明之。

1.元代王实甫的《西厢记》,多用"着",也用"使"和"遣",如:

（1）奉小姐言语,着我看张生,须索走一遭。(张君瑞害相思杂剧,第一折)

（2）夫人写书,哥哥着小人索了夫人回书,至紧至紧。(张君瑞庆团圆杂剧,第一折)

（3）小姐使将我去,他着我将来。(张君瑞害相思杂剧,第二折)

（4）夫人遣妾莫消停,请先生勿得推称。(崔莺莺夜听琴杂剧,第二折)

《西厢记》成书于元成宗大德三年至十一年(公元 1299－1307 年)之间。书中的"着"字用法较多,据张相《诗词曲语辞汇释》说:有些是"命令辞",如"着小姐与他哥哥把盏者!"有些"犹教也,使也",如"谁着你停眠整宿。"但全书用"着"63 次,约一半具有明显的派遣义;其他用"使"5 次,用"遣"1 次。

2.施耐庵的《水浒传》,多用"差""差遣""使"和"着"。如:

（1）皇帝御限,差俺来这里,教我受这场惊恐。(第一回)

（2）随即差人到王进家来,捉拿王进。(第二回)

（3）不干小人事,太尉差遣,不敢不来。(第十回)

（4）待几日小可自使人送冬衣来与教头。(第九回)

（5）施恩叫他家着人去牢里说知。(第三十回)

《水浒传》是元末明初的长篇白话小说,其派遣义用词情况据前三十二回的统计是："差"用74次，"差遣"用12次，"使"用10次，"着"用6次，"遣"用3次。

3.吴承恩的《西游记》多用"着"和"差"，也用"遣"。如：

（1）即命降了诏书，仍着金星领去。（第四回）

（2）菩萨着我来迎你哩。（第二十六回）

（3）玉帝又差木德星官送他去御马监到任。（第四回）

（4）玉帝复遣十万天兵，亦不能收获。（第七回）

《西游记》是成书于明代中叶（约16世纪70年代）的一部长篇白话小说，其派遣义用词情况，据前三十二回的统计是："着"用30次，"差"用27次，"遣"用5次。

4.明末冯梦龙所编订的《古今小说》（即"三言"），据考证确为明人作品的11篇里，多用"差"和"遣"，有时用"打发"。如：

（1）文秀即差众家人出去擒拿。（《醒世恒言》第二十卷）

（2）……又差典吏一员，护送他夫妇出境。（《喻世明言》第一卷）

（3）……倘或尚书老爷差人来接，那时把泥做也不干。（《警世通言》第二十四卷）

（4）即遣轿马迎请父母兄嫂。（同上）

（5）……打发公差去了。（同上）

5.洪升于清康熙27年（1688）脱稿的《长生殿》，用"遣"13次，"着"12次，"派"1次。如：

（1）大唐太上皇帝，特遣贫道问候王妃。（第四十八出）

（2）已遣高力士到坛打听，还不见来。（第四十九出）

（3）即着高力士引来朝见，想必就到也。（第二出）

（4）着我今日到彼候复。（第三出）

（5）登时发到骊山，派到温泉殿中承值。（第二十一出）

例（5）中的"派"，即"派遣"之意。这一例句说明，至少在清康熙时代，"派"字已正式单独用来表派遣义了；虽只有一例，但毕竟是有了。这是一种零的突破，标志着"派"字派遣义的正式产生。

6.清吴敬梓于乾隆13年（1749）脱稿的《儒林外史》，用"差"最多，也用"遣"，"派"字用两次。如：

（1）大人准了，差了我到温州提这一干人犯去。（第十六回）

（2）管家向他说，是京里冯老爷差来的。（第二十三回）

（3）秦中书道："已差人去邀了"。（第四十九回）

（4）次早，遣家人去邀请鲁编修。（第十回）

（5）我们而今且派两个人，跟定了范老爷。（第三回）

（6）我们闹进衙门去，揪他出来一顿打死，派出一个人来偿命！（第四回）

7. 曹雪芹的《红楼梦》，到乾隆末年大量流行。全书用"派"最多，"遣""差"次之，"使""着""打发"等用得极少。如：

（1）尤氏说："派两个小子送了秦哥儿家去。"（第七回）

（2）贾珍只得派妇女相伴。（第十五回）

（3）分头派四个有年纪的跟车。（第五十一回）

（4）又值人来回，有雨村处遣人回话。（第十七回）

（5）黛玉不时遣雪雁来探消息。（第五十七回）

（6）便发签差公人立刻将凶犯家属拿来拷问。（第四回）

（7）管总的张大爷差人送了两箱子东西来。（第六十七回）

（8）贾母等合家人心中皆惶惶不定，不住的使人飞马来往探信。（第十六回）

（9）女家急了，只得着人上京找门路，赌气偏要退定礼。（第十五回）

（10）且说次日一早，便有贾母王夫人打发了人来看宝玉。（第十五回）

通观汉语发展史，在所有派遣义动词里，"遣"字使用历史最长，表现出了较强的稳定性，但随着脱离口语的文言的衰亡，也最终未能摆脱被淘汰的命运。而"派"字，其派遣义一产生，就表现出了旺盛的生命力；"五·四"新文化运动后，随着白话文的发展并最终取代文言文及北方话影响的日益扩大，终于使汉语派遣义之用词基本实现了统一。

二、"派"字优势地位的确立

在汉语史上，从上古、中古直到近古的元明两代，派遣义动词里都无"派"字。只是到了清代，"派"字才逐渐崭露头角并大显身手。那么，它的地位是怎样发展并巩固起来的呢？这可通过以下两方面的分析和考察来回答。

（一）各有关文学名著使用情况分析

清代顺治、康熙时期的文学名著，当推蒲松龄的《聊斋志异》、洪升的

《长生殿》和孔尚任的《桃花扇》。这三部著作,都成书于17世纪末叶和18世纪初。但《聊斋志异》是文言作品,出于仿古的需要,凡派遣义动词,多用传统的"遣",不用"派"。而《长生殿》和《桃花扇》虽都是白话作品,却也多用"遣""着",极少用"派"。这说明,那时"派"字派遣义用法的地位尚未确立。语言是社会现象,社会上的用词必然要反映到文学作品里,《长生殿》和《桃花扇》的语言与人民群众的口语十分接近,反映词汇变化应该是十分迅速的。既然它们还极少用"派"字,说明那时"派"字的派遣义还刚刚产生,使用并不普遍。

到乾隆时期,情况就不同了。这时的文学巨著《儒林外史》和《红楼梦》,不仅有了"派"字的派遣义用法,而且越来越普遍。这两部著作的成书时间,都在18世纪中叶,前后相隔只十几年,但"派"字派遣义用法的发展却十分迅速。据统计,《儒林外史》一书派遣义动词出现的次数是:"差"字28次,"遣"字9次,"派"字2次,"打发"1次,"着"1次。"派"字用例较之《长生殿》已有增加。到了《红楼梦》,在全书一百二十回里(后四十回非曹雪芹所作),"派"字用112次,"遣"56次,"差"24次,"使"5次,"着"3次,"打发"2次。"派"字的使用总数已占该书所有派遣义动词使用数的二分之一以上。《红楼梦》是用北方官话写成的,书中"派"字的使用情况说明,到乾隆末年,至少在北方官话区,"派"字的派遣义用法已占绝对优势,其地位已相当巩固。正是这种优势地位,奠定了它最后彻底取代其他派遣义动词,实现大一统局面的基础。"五·四"运动后,随着白话文的战胜文言文,其他古老陈旧、脱离口语的派遣义动词,终于一个个被淘汰,而来自口语、生命力旺盛的新词"派"字,终于随着北方话影响的日益扩大,使汉语派遣义之用词定于一尊。

(二)有关官方文件或历史资料使用情况考察

1. 清顺治初年,官方文件里有"派",但指的是摊派粮饷之类,派遣人一般不用"派",而用"遣"等。如:

(1)顺治元年(1644),摄政和硕睿亲王谕官吏军民人:"……至于前朝弊政,厉民最甚者,莫如加派辽饷,……自顺治元年为始,凡正额之外,一切加派……尽皆蠲免。……如有官吏朦胧混征暗派者……必杀无赦……"(《世祖章皇帝实录》卷6)

(2)顺治二年摄政叔父王令旨:"……尔南方诸臣,当明朝崇祯皇帝

遭难……不遣一兵,不发一矢,不见流贼一面……其罪一也。"(《江南见闻录》)

2. 清康熙初年的官方文件,虽仍多用"遣",但亦开始用"派"(如下边例①的"著派",比《长生殿》里的用例还早 15 年),说明这时"派"字的派遣义用法已经产生,只是还极少使用。如:

（1）康熙十二年（1673）兵部郎中党务礼、户部员外郎萨穆哈驰驿到京,奏称:"……前往官兵若沿途住歇秣马,必至迟误,著派户部贤能司官,于每日宿处齐备草豆应付。其陆续遣发大兵征剿处,著议政王大臣等速议具奏。"(《圣祖仁皇帝实录》卷 44)

（2）康熙十二年（1673）诏削吴三桂爵,宣谕曰:"……又特遣大臣前往,宣谕朕怀。……今削其爵,特遣宁南靖寇大将军统领禁卒,前往扑灭。……"(《圣祖仁皇帝实录》卷 44)

（3）康熙二十八年（1689）十二月丙子,清朝与俄罗斯定议国界时,所立之碑曰"大清国遣大臣与大俄罗斯国议定边界之碑。"(《圣祖仁皇帝实录》卷 143)

3. 到雍正时,"派"字用得渐多。如:

雍正五年（1727）议政王大臣等奏称:"……臣等随派侍卫胡毕图、郎中纳延泰等,与俄罗斯副使……议立界石。……到恰克图口定为贸易之所,应派理藩院司官一员管理。"(《世宗宪皇帝实录》卷 60)

4. 乾隆时,"派"字的派遣义用法渐趋普及,官方文件（即使是皇帝的诏谕）,亦常反复使用。如:

（1）乾隆三十九年（1774）谕军机大臣等:"……但各督、抚必须选派妥员,善为经理;……"(《清高宗纯皇帝实录》卷 964)

（2）乾隆五十年（1785）十月上谕对传教之西洋人作出处理,谕曰:"……如情愿回洋者,著该部派司员押送回粤,……"(《清朝文献通考》卷 298)

（3）乾隆五十六年（1791）十月二十四日谕:"……彼时因有议政处,是以特派王大臣承充办理。……"(《枢垣记略》)

（4）乾隆五十八年（1793）敕谕英吉利国王:"……尔国王'表'内恳请派一尔国之人住居'天朝',……今尔国王欲求派一尔国之人住居京城……若俱似尔国王恳请派人留京,岂能一一听许?……外国又何必派人留京,为此越例断不可行之请。……是尔国王所请派人留京一事,于'天朝'体制既属不合,而于尔国亦殊觉无益。"(《掌故丛编》第三集)

（5）乾隆五十八年（1793）遵照钦定章程纂成对西藏的管理条例："……大寺坐床堪布喇嘛缺出,俱由驻藏大臣会同达赖喇嘛秉公拣选,给予会印执照,派往住持。""青海、蒙古王公等差人赴藏,延请通习经典喇嘛……""另派唐古忒番民三四名,令其学习廓尔喀番语字迹,以备将来充补。"(《卫藏通志》卷12)

《儒林外史》和《红楼梦》,都是清乾隆时期的文学名著,把文学语言及官方公文用语结合起来看,可以肯定地说:乾隆末年,"派"字的派遣义用法已经相当普遍,并且大有逐步取代其他各派遣义动词之势。

5. 从清代末期官方公文用语看"派"字在派遣义动词里的绝对优势。兹举《曾国藩全集》中所收曾氏公文杂著若干例为证:

（1）兹接办楚岸,添派大员,并归一局办理。（淮盐运行楚岸章程）

（2）本部堂又派淮阳水师,节节护运,无游匪抢劫之患……（淮北票盐章程）

（3）本部堂一面派员严拿,一面行知各县各卡。（禁止掳船告示）

（4）此后如真屋主归来,赴善后局呈明,派保甲局委员赴屋履勘,分别开导。（金陵房产告示八条）

（5）莫派民夫来挖壕,莫到民家去打馆。（爱民歌）

（6）如左右有岔路,头探遣人分路去。如有两三条岔路,遣两三起人去探明。……大军行毕五里之后,派一将军押尾。（初定营规二十二条）

（7）每棚派两人守上半夜,派两人守下半夜。（同上）

（8）凡拔营,须派好手先走。（同上）

（9）每日派什长及亲兵数人,至营盘附近街市稽查。（同上）

（10）此专备营官差遣及出队时留守营盘之用。毋许再向各哨派人当差。（同上）

三、"派"字之派遣义探源

"派遣"不是"派"字的本义。"派"字的本义是什么?《说文》:"派,别水也。"《辞源》解释为"支流",即江、河的支流。可见,"派"本为名词。但,水的支流何以引申出"派遣"义?这一问题得先从"派"字何时有了动词用法说起。

"派"字何时用作动词？追溯其历史，明末的《古今小说》，明中叶的《西游记》，甚至明初的《水浒传》里，都已经有了动词用法。如：

（1）自从宋敦故后，卢氏掌家，连遭荒歉，又里中欺他孤寡，科派户役……（《警世通言》第二十二卷）

（2）王八淫妇，终日科派。（《警世通言》第二十四卷）

（3）美猴王领了一群猿猴、猕猴、马猴等，分派了君臣佐使，朝游花果山，暮宿水帘洞……"（《西游记》第一回）

（4）吴用当下调拨众头领，分派去办，不在话下。（《水浒传》第二十回）

例（1）的"科派"，指"摊派"徭役；例（2）的"科派"指"摊派"钱财，即巧立名目，骗取钱财之意；例（3）（4）的"分派"，意思是分别指定人去完成工作或任务，是一种分配和安排，可看作是派遣义用法的萌芽。

其实，"派"字的动词用法，早在元代就有了。如：

（1）建安县土豪魏智夫与男魏畴一家……倚仗富强，恣骋凶恶，……私宰耕牛，派卖百姓……（《元典章》刑部，富强残害良善）

（2）所谓地客，即系良民，主家科派，其害甚于官司差发，若地客生男，便供奴役，若有女子，便为婢使，成为妻妾。（《元典章》卷57）

《元典章》为元代官修之书，记载元世祖至英宗初年之法令。上述二例，说明在13世纪60年代至14世纪初，"派"字已从（江河）"支流"这一名词，引申作动词使用了；而实际出现的时间，可能更早。

"派"字作为动词，开始一般不单用，常以语素身份和其他语素组成复合词，如上二例中的"派卖""科派"等。从词义说，"科派""即"摊派"之意，"派卖"即"摊卖"之意，都不是派遣义。《元典章》里，凡需表派遣义时，一般沿用老词，而不用"派"字。如：

（1）……今拟于省并列到州县内，选差循良廉干之人，以充县尹，给奉公田……（《元典章》卷2）

（2）昨前似这般聚着众人，妄说乱言，么道一两件事发的上头，差人问去了也。（《元典章》卷57）

到了明代，由"派"组成的复合词出现得更多。除前举之"科派""分派"之外，单从嘉靖、万历时张居正"一条鞭法"的有关明史记载里，涉及到收交赋税、分摊徭役方面的名堂就有："摊派""均派""加派""编派""征派""派办""派为"，等等。这些动词，一般都不以人为支配对象，大都以事物为对象，如钱、粮、赋税、徭役等；即使有时指人，也无典型的派遣义，而是分别指定人去干什么的意思（强调分别指定，即分配和安排，仍属"摊派"义）。要表示派遣的意思，也还是不用"派"，而要用"遣"等老词。如明代永乐间敕修奴儿干永宁寺碑的碑文，就用"遣"："永乐九年（1411）春，特遣内官亦失哈等率官军一千余人，巨船二十五艘，复至其国，开设奴儿干都司。"明代官修史书及公文里，大凡表派遣义，一般用"遣"，不用"派"。至于以人为支配对象，表派遣之意，上文已指出，那是清代康熙年间的事。可见，"派"字的动词用法有两种：一是以事物为支配对象，词义犹"摊"；二是以人为支配对象，词义犹"遣"。这两种用法，从出现时代的先后看，第一种用法在前，元代就有了，明代更多；第二种用法，据本文第二部分的分析考察可知，约在清康熙时代，到乾隆时才渐趋普及。

综上所述，笔者认为，在元代或至少在明代初年，"派"字的词汇意义，就已由水的"支流"引申出"分摊""摊派"了。语言既是一种社会现象，那么如果当时人民群众中无此动词用法，官方不会发明、创造；当然，这一用法一旦反映到官方文件里，就必然会扩大影响，加速其推广和普及。所以，我们说，"派"字的动词用法是由其名词用法引申出来的，其词汇意义"摊派"和"派遣"，也是从本义"支流"里先后引申出来的。这种引申的根源在于"分"。"分"，作为动词性意义，与本义"支流"关系十分密切，因为"支流"是"干流"的"分支"，"派"字的本义里已隐含有"分"意。而正是有了"分"这一动词性含义，才有了"分摊""摊派"一类用法；然后由物及人，出现了派遣义。"派遣"也是一种"分"、一种"摊派"，是把某项工作或任务"分"给某人或"摊派"给某人去完成。由此看来，有的工具书，在给"派"字释义时，远近引申各义项的排列顺序是有问题的。如，《汉语大词典》把"派遣、委派"这一义项放在"分"和"分配、分摊"两义项之前。我认为这是错误的，应该颠倒过来。

（本文原发表于《驻马店师专学报》1993 年第 1 期，后又略加改动再发表于《信阳师范学院学报》1993 年第 2 期。1994 年《中国语言学年鉴》P.161 有本论文摘要）

"或"字释解异议

① 人固有一死，或重于泰山，或轻于鸿毛。

上例是司马迁《报任安书》中的一句名言，其中"或"字的解释是个值得讨论的问题。何乐士同志在《常用虚词（上）》（见 1987 年第 9 期《中学语文教学》）里谈到这种"或"字的用法时，指出："'或'，用在表范围的名词后，分指它前面人或物中的一个或其中一部分。"但却认为例①中的"或"是"指'人'中的一部分，可解释为'有（个）人''有的人'。"所以，他曾这样翻译："人总有一死，有的人死得比泰山还重，有的人死得比鸿毛还轻。"（见《古代汉语虚词通释》）另外，中央电大古代汉语课主讲教师何九盈同志也这样讲。这样的解释如何？下边谈点个人的看法。

诚然，在前有表范围的名词作先行词时，"或"究竟指人，还是指物，取决于该先行词：先行词指人，"或"也指人（这种情况居多）；若先行词指事物，则"或"便也指事物。因为从逻辑关系说，先行词为属概念，"或"为种概念，后者总是跑不出前者的范畴的。如：

② 宋人或得玉，献诸子罕，子罕弗受。（《左传·襄公十四年》）

③ 回视日观以西峰，或得日，或否。（《登泰山记》）

根据先行词所确定的内容范围，可知例②的"或"指"宋人"中的一个，而例③中的"或"则指有的山峰。

同理，例①里两"或"之所指，也取决于其先行词。但，这个先行词不是句首的"人"，而是逗号前的"死"。为什么？首先，从文意来看。司马迁《报任安书》原文是在谈到"死"的问题时才有这句话的，而且后边还有"用之所趋异也"一句，意思是：因为死的趋向不同。显然，前句的两个"或"字与后句的"之"字,都是指代首句所说的"死"这件事的,所不同的是,两"或"为分指,"之"字是统指。全句旨在通过对两种意义不同的"死"的比较和评价,提出一个死的价值问题,从而表现作者的生死观。所以,上下文意决定,"或"的先行词理应是"死",而不是"人";"或"指的是"死"的一部分,而不是"人"的一部分。

其次,从异文来看。《汉书·司马迁传》所载之《报任安书》中的这句话原是:"人固有一死,死有重于泰山,或轻于鸿毛,用之所趋异也。"例①的文字乃本于《文选·报任安书》,与《汉书》相比,第二句之首少个"死"字,且改"有"为"或"。但唐代李善却根据六朝人所著的《燕丹子》给《文选》中这两句话作了如下的注解:"荆轲谓太子曰:'烈士之节,死有重于泰山,有轻于鸿毛者,但问用之所在耳。'"我们把《汉书》《文选》和李善注做一比较,不难发现:三处文字虽小有出入,但意思完全一致,因为,"死有重于泰山",即"死有重于泰山者",亦即"死或重于泰山";"或轻于鸿毛",即"有轻于鸿毛者"。——"或"与"有……者"意思相同。显然,《汉书》及《文选》注第二句"有"字之前多出的那个"死"字,是范围性先行词。这就告诉我们:例①的两个"或"字,是分指逗号前的"死"的,而不是分指句首的"人"的。

再者,翻译古文一般应尽量忠实于原文,若不是古今语法差别较大之处,就不能随意改变原来的结构关系。例①中的"重于泰山"和"轻于鸿毛",本为谓语,是分别直接陈述两个"或"字的,若译为"死得比泰山还重"和"死得比鸿飞还轻",就变成"死"的补语,不能直接陈述"或"字了。译文这样变动结构关系,实大可不必。

其实,司马迁这句话,毛泽东同志解释得最好。他在《为人民服务》一文中这样写道:"人总是要死的,但死的意义有不同。中国古时候有个文学家叫做司马迁的说过:'人固有一死,或重于泰山,或轻于鸿毛。'为人民利益而死,就比泰山还重;替法西斯卖力,替剥削人民和压迫人民的人去死,就比鸿毛还轻。张思德同志是为人民利益而死的,他的死是比泰山还要重的。"显然,毛泽东同志是针对张思德同志的"死"来做评价,说"他的死"比泰山还重,这就以具体事例很好地解释了"或重于泰山"的意思。

总之,我认为例①所引司马迁的话还是这样翻译为好:人总有一死,有的死比泰山还重,有的死比鸿毛还轻。谨以上述意见与何乐士等同志商榷,并就教于诸大方之家。

（本文发表于中国修辞学会、河南省语言学会、郑州大学主办的《语文知识》1988 年第 7 期）

文言课文里的动词"为"字

"为"字,在甲骨文中的字形原像人手牵象,文字学家罗振玉曾据此提出"意古者役象以助劳"的说法。但"为"的本义早已失传,古汉语常用它的引申义。王力先生主编的《古代汉语》指出:为(wéi)字是"做"的意思,但古人"做"的涵义非常广泛。确实如此,据统计,动词"为"仅在高初中文言课文里的200多处用例中,就有多种多样的讲法。这些讲法,可粗略地概括为以下几种:

一、表示社会活动的

1.泛指人们在政治、军事等方面的行为,常释为"做""干""治"等。如:

①师之所为,郑必知之。(《崤之战》为:做。)

②为国以礼,其言不让,是故哂之。(《论语·侍坐》为:治。)

③故王之不王,不为也,非不能也。(《孟子·梁惠王上》为:干。)

④向吾不为斯役,则久已病矣。(《捕蛇者说》为:做,干。)

2.表示修造、创作,常释为"造""筑""制成""写""作"等。如:

①为坛而盟,祭以尉首。(《陈涉起义》为:筑。)

②吾从北方闻子为梯,将以攻宋。(《公输》为:制造,造成。)

③为一说,使与书俱。(《黄生借书说》为:作,写。)

3.表示官职任就,常释为"做""任""当"等。如:

①沛公欲王关中,使子婴为相,珍宝尽有之。(《鸿门宴》为:做。)

②魏文侯时,西门豹为邺令。(《西门豹治邺》为:做;任。)

③永和初,出为河间相。(《张衡传》为:任,做。)

二、表示思想意识活动和称呼的

1.表示主观看法,常释为"当作""算作""是""认为"等。如:

①子墨子解带为城,以牒为械。(《公输》为:当作。)

②为天下理财,不为征利。(《答司马谏议书》为:算作。)

③孰为汝多知乎? (《两小儿辩日》为:认为,以为。)

2.表示称呼,常释为"叫作"。如:

①陈涉乃立为王,号为张楚。(《陈涉起义》为:叫作。)

②中有双飞鸟,自名为鸳鸯。(《孔雀东南飞》为:叫作。)

三、表示事物发展变化的。常释为"变成""成为"等。如:

①凡天地之间,有鬼,非人死精神为之也,皆人思念存想之所致也。(《订鬼》为:变成。)

②庶几哉橘蹂淮弗为枳矣。(《甘藷疏序》为:变成。)

③既而得其尸于井,因而化怒为悲,抢呼欲绝。(《促织》为:成。)

动词"为"涵义广泛的特点,不仅表现在常见的引申义多这方面,而且还表现在讲法随文而变的方面。所以,有时对它的解释,若只拘泥于上述义项会显得别扭不通的话,就应随文释义,在不失其基本意义的前提下,根据具体上下文的需要灵活地加以变通。这种随文而释出的词义,尽管有时离基本意义较远,但都能从基本意义里找到根据。如:

①冰,水为之,而寒于水。(《劝学》)

②沛公奉卮酒为寿,约为婚姻。(《鸿门宴》)

③亮躬耕陇亩,好为《梁父吟》。(《隆中对》)

④盖拣桃核修狭者为之。(《核舟记》)

这几句里加着重号的"为"字,可依次分别随文而释为"凝结""祝""唱""雕刻"。这些意义虽非"为"所固有,但都是其基本意义"做"在具体上下文里的引申,与"做"有密切关系。

(本文发表于四川少年儿童出版社《中学生读写》1987 年第 3 期)

《孟子》中的起承组合句

  《孟子》一书,在行文的组织结构方面有一个显著特点:善于用起承组合的表达方式展开议论,即先列举几项有某种区别或联系的事物或道理(起句),再对所列举的内容加以评论或解说(承句);通过起句和承句的这种前后呼应和配合,来阐明观点并加强表达效果。如:

  乐民之乐者,民亦乐其乐①;忧民之忧者,民亦忧其忧②。乐以天下,忧以天下,然而不王者,未之有也③。(《梁惠王下》)

  第①、②句为起句,列举出与民同乐和同忧两项事理;第③句为承句,评论起句内容,引出结论。这种表达方式,是《孟子》一书的重要修辞手段之一。在《孟子》里,凡需着力发挥的说理部分的关键处,一般都有这种精工严整、意味隽永的起承组合句在起作用。据统计,书中各种类型的起承组合句约有 360 例之多。这些组合句,既概括了孟子的政治主张和理论观点,凝聚了他丰富的智慧,也充满了他强烈的感情,能鲜明地表现出他的思维方式、性格特点和文章风格,乃是《孟子》语言的精彩部分。因此,对这些组合句的深入探讨,必将有助于进一步认识《孟子》全书的语言艺术成就。

一、结构类型

  起承组合句是一种有起承关系的语句组合。其"起句"或"承句",可以是句子,也可以是词或词组。因此,这种"语句组合",既可是一个、两个或更多的句子,有时也可构成句群、段落或篇章。兹将《孟子》里这种起承组合句的结构类型略述如下:

（一）双起式

起句有两个。从承句对起句的承接方式看,又可分为合承、分承、单承和连承等形式。

1. 合承式

承句对起句进行综合性评论或解说。这种组合句的类型较多,从承句的书面标志看,较常见的有以下几种:

A. 以指代、统括或关联等类词语为标志的:

（1）争地以战,杀人盈野;争城以战,杀人盈城,此所谓率土地而食人肉,罪不容于死。(《离娄上》)

（2）士未可以言而言,是以言饪之也;可以言而不言,是以不言饪之也,是皆穿窬之类也。(《尽心下》)

（3）其交也以道,其接也以礼,斯孔子受之矣。(《万章下》)

（4）权,然后知轻重;度,然后知长短。物皆然,心为甚。(《梁惠王上》)

（5）欲为君,尽君道;欲为臣,尽臣道。二者皆法尧舜而已矣。(《离娄上》)

（6）在国曰市井之臣,在野曰草莽之臣,皆谓庶人。(《万章下》)

（7）孔子登东山而小鲁,登泰山而小天下,故观于海者难为水,游于圣人之门者难为言。(《尽心上》)

例（1）—（4）的承接标志为指代类词语;例（5）、（6）的为统括类词语;例（7）的为关联性词语。

B. 以重复起句有关词语为标志的:

（1）行,或使之;止,或尼之。行止,非人所能也。(《梁惠王下》)

（2）伯夷隘,柳下惠不恭。隘与不恭,君子不由也。(《公孙丑上》)

（3）用下敬上,谓之贵贵;用上敬下,谓之尊贤。贵贵尊贤,其义一也。(《万章下》)

C. 无书面标志的:

（1）内则父子,外则君臣,人之大伦也。(《公孙丑下》)

（2）老吾老,以及人之老;幼吾幼,以及人之幼。天下可运于掌。(《梁惠王上》)

这类无标志的组合句,多可看作标志的省略,如例（2）即可看作在"天下"前省去了关联词"则"字。

下面要说的分承、单承和连承等各式组合句,一般多用重复起句有关词语的办法做承接标志,这样可防止承接关系的混淆不清和易被误解。

2. 分承式

两个承句分别对有关起句加以评论或解说;起句花开两朵,承句各表一枝。

A. 因序分承。两个承句依先后次序分承起句。又可分为两种形式:

一式:两个承句并列在双起句之后。格式是:a, b。a①, b①。

(1)故士穷不失义,达不离道。穷不失义,故士得己焉;达不离道,故民不失望焉。(《尽心上》)

(2)自暴者,不可与有言也;自弃者,不可与有为也。言非礼义,谓之自暴也;吾身不能居仁由义,谓之自弃也。(《离娄上》)

二式:两个承句分别置于被承的起句之后,形成两个并列的起承部分。由于各承句都紧跟起句,所以一般无须重复起句有关词语,但并列的两个起承部分往往有着相同的语法结构。格式是:a, a①。b, b①。

(1)反身而诚,乐莫大焉。强恕而行,求仁莫近焉。(《尽心上》)

(2)男女授受不亲,礼也;嫂溺,援之以手者,权也。(《离娄上》)

(3)取之而燕民悦,则取之。古之人有行之者,武王是也。取之而燕民不悦,则勿取。古之人有行之者,文王是也。(《梁惠王下》)

B. 反序分承。两个承句反顺序分承起句。格式是:a,b。b①, a①。

(1)告子曰:"不得于言,勿求于心;不得于心,勿求于气。"不得于心,勿求于气,可;不得于言,勿求于心,不可。(《公孙丑上》)

(2)君子之于物也,爱之而弗仁;于民也,仁之而弗亲。亲亲而仁民,仁民而爱物。(《尽心上》)

3. 单承式

承句因意有侧重而只对起句之一加以评论或解说者,为单承式。

A. 单承前句。格式是:a, b。a①。

(1)徐行后长者谓之弟,疾行先长者谓之不弟。夫徐行者,岂人所不能哉?所不为也。(《告子下》)

(2)居移气,养移体,大哉居乎!(《尽心上》)

(3)虞不用百里奚而亡,秦穆公用之而霸。不用贤则亡,削何可得与?(《告子下》)

B.单承后句。格式是:a，b。b①。

（1）仁则荣,不仁则辱;今恶辱而居不仁,是犹恶湿而居下也。(《公孙丑上》)

（2）民之为道也,有恒产者有恒心,无恒产者无恒心。苟无恒心,放辟邪侈,无不为己。(《滕文公上》)

（3）以为无益而舍之者,不耘苗者也;助之长者,揠苗者也——非徒无益,而又害之。(《公孙丑上》)

4.连承式

因逐步深入的表意需要而把起承关系连续延伸下去,即把前边的承句再当作起句加以评论或解说,如此层层扩展。

A.因序连承。格式是:a，b。a①，b①。a②，b②。……

（1）君子以仁存心,以礼存心。仁者爱人,有礼者敬人。爱人者,人恒爱之;敬人者,人恒敬之。(《离娄下》)

（2）集大成也者,金声而玉振之也。金声也者,始条理也;玉振之也者,终条理也。始条理者,智之事也;终条理者,圣之事也。智,譬则巧也;圣,譬则力也。(《万章下》)

（3）夫志,气之帅也;气,体之充也。夫志至焉,气次焉;故曰:"持其志,无暴其气"。(《公孙丑上》)

B.反序连承。格式是:a，b。b①，a①。a②，b②。……

得道者多助,失道者寡助。寡助之至,亲戚畔之;多助之至,天下顺之。以天下之所顺,攻亲戚之所畔;故君子有不战,战必胜矣。(《公孙丑下》)

（二）多起式

有三个或三个以上起句的,属多起式。多起式中,承句的承接方式也有合承、分承、单承、连承等形式,而以合承式为多;其承句的书面标志,与双起式大致相同。

（1）富贵不能淫,贫贱不能移,威武不能屈,此之谓大丈夫。(《滕文公下》)

（2）夏后氏五十而贡,殷人七十而助,周人百亩而彻,其实皆什一也。(《滕文公上》)

（3）挟贵而问,挟贤而问,挟长而问,挟有勋劳而问,挟故而问,皆所不答也。(《尽心上》)

（4）孔子有见行可之仕，有际可之仕，有公养之仕。于季桓子，见行可之仕也；于卫灵公，际可之仕也；于卫孝公，公养之仕也。（《万章下》）

（5）尧舜，性之也；汤武，身之也；五霸，假之也。久假而不归，恶知其非有也。（《尽心上》）

例（1）、（2）、（3）为合承式，例（4）为因序分承式，例（5）为单承式。

（三）综合式

指的是具有两种或更多的承接方式的双起或多起式连承组合句。

（1）或劳心，或劳力；劳心者治人，劳力者治于人；治于人者食人，治人者食于人，天下之通义也。（《滕文公上》）

（2）恻隐之心，人皆有之；羞恶之心，人皆有之；恭敬之心，人皆有之；是非之心，人皆有之。恻隐之心，仁也；羞恶之心，义也；恭敬之心，礼也；是非之心，智也。仁义礼智，非由外铄我也，我固有之也，弗思耳矣。（《告子上》）

例（1）为双起式，先因序分承，再反序分承，最后合承。例（2）为多起式，先因序分承，然后合承。

二、修辞作用

孟子不仅是一位儒家大师，而且也是一位语言巨匠。他能自觉地用语言文字来激发世人，把继承圣人事业的政治目的和恰当的语言运用结合起来。为了"正人心，息邪说，距诐行，放淫词以承三圣者"，（《滕文公下》）他"不得已"而"好辩"；不仅"好辩"，而且"知言"善辩，自称"诐辞知其所蔽，淫辞知其所陷，邪辞知其所离，遁辞知其所穷"。（《公孙丑上》）他驾驭语言的能力是惊人的，畅述己见，则持之有故，言之成理；与人论辩，则纵横驰骋，稳操胜券。而在他痛快说理，从容取胜的过程中，起承组合的表达方式则起着重要的修辞作用。这种修辞作用是多方面的，试分述如下：

1. 形式整齐和谐，能增强文章的艺术魅力

《孟子》里的起承组合句，不仅思想性强，而且富有文采，或骈偶对峙，或排比连立，阅之，整齐匀称；诵之，节奏分明；闻之，韵律和谐；思之，意蕴丰富，能体现语言的均衡、侧重、联系、变化等一系列美学原则，具有较高的美学价值和强烈的艺术感染力。如：

（1）五亩之宅，树之以桑，五十者可以衣帛矣。鸡豚狗彘之畜，无失其时，七十者可以食肉矣。百亩之田，勿夺其时，八口之家，可以无饥矣。谨庠序

之教,申之以孝悌之义,颁白者不负戴于道路矣。老者衣帛食肉,黎民不饥不寒,然而不王者,未之有也。(《梁惠王上》)

(2)庖有肥肉,厩有肥马,民有饥色,野有饿莩,此率兽而食人也。(《梁惠王上》)

例(1)、(2)均为多起式合承组合句。例(1)从制产和教民两方面勾画出了孟子"仁政"理想的蓝图,语言生动形象,能启发人们联想,富有鼓动性和感召力。例(2)揭露了厚敛于民以养禽兽,造成民饥饿而死的那种无异于驱兽以食人的社会现实,谴责了统治者施行残暴政治以满足其贪欲的罪恶行径。语言绘声绘色,具有高度的艺术概括力。

2. 结构严谨,能增强语言的逻辑性

《孟子》中的起承组合句具有严谨的结构,各起句或承句之间,又纵向衔连,层层深入;整个组合句形成一个纵横关联、环环相扣的完整结构,说理圆满,无懈可击,能充分反映出事物内部的规律性及各方面之间的辩证关系。如:

(1)有官守者,不得其职则去;有言责者,不得其言则去。我无官守,我无言责也,则吾进退,岂不绰绰然有余裕哉?(《公孙丑下》)

(2)得道者多助,失道者寡助。寡助之至,亲戚畔之;多助之至,天下顺之。以天下之所顺,攻亲戚之所畔;故君子有不战,战必胜矣。(《公孙丑下》)

例(1)两起句分别摆出两种情况作大前提,承句再由"我"不属前两种情况的小前提推出"吾进退""绰绰然有余裕"的结论,这就构成了一个完整的三段论,极富逻辑性。例(2)用两句真理作起句,接着分承连延,逐层推理,最后归纳出得民心者不战则已,战则必胜的结论,说理严密,天衣无缝。

3. 气势磅礴,能加强文章折服人的威力

孟文的气势,早为后来的古文家所推崇。所谓气势,其实就是通过行文的组织结构或遣词造句所表现出来的充沛感情。《孟子》中的起承组合句,精工严整,便于铺排和抒情,可使文意畅达详尽,振动人心。如:

(1)为肥甘不足于口与?轻暖不足于体与?抑为采色不足视于目与?声音不足听于耳与?便嬖不足使令于前与?王之诸臣皆足以供之,而王岂为是哉?(《梁惠王上》)

(2)舜发于畎亩之中,傅说举于版筑之间,胶鬲举于鱼盐之中,管夷吾举于士,孙叔敖举于海,百里奚举于市。故天将降大任于斯人也,必先苦其心志,劳其筋骨,饿其体肤,空乏其身,行拂乱其所为,所以动心忍性,曾益其所不能。(《告子下》)

例(1)用连珠炮似的排比起句,明知故问,步步进逼。正是这种居高临下、正义凛然的气势,才迫使齐王不得不连忙辩解,并使其"辟土地,朝秦楚,莅中国而抚四夷"之"大欲"终于暴露无遗。例(2)用排比起句列举了古代有作为的人物皆出身低微之事例,再用排比承句从中引出担当"大任"的能力都来自艰苦锻炼的结论,气势磅礴,酣畅淋漓,高亢激昂,催人振奋,表达效果极好。

4.具有双线索或多线索并进的行文特点,便于通过比较、对照来揭示事物的本质

在起承组合句中,双起式采用双线索并进,多起式采用多线索并进。《孟子》善于利用这种行文特点,把相同、相反、相对或相关的事物列举出来,通过比较、对照,突出彼此的矛盾或不同,以加深人们对其本质的认识。如:

(1)鸡鸣而起,孳孳为善者,舜之徒也;鸡鸣而起,孳孳为利者,跖之徒也。欲知舜与跖之分,无他,利与善之间也。(《尽心上》)

(2)民为贵,社稷次之,君为轻。是故得乎丘民而为天子,得乎天子为诸侯,得乎诸侯为大夫。(《尽心下》)

例(1)通过并列的双起句,把为善和求利两种人加以鲜明对比,突出了二者的本质区别。例(2)通过三个排比的起句和承句,把君、民和社稷三者加以比较,提出了"民贵君轻"的著名论点,受到历代统治者中有识之士的重视。

5.语言精练含蓄,便于表现深刻的哲理

《孟子》中的起承组合句,语言简约精练,意蕴丰富,常用来阐明"言近而指远"的哲理,使之具有警句或格言的特点。如:

(1)仁,人之安宅也;义,人之正路也。旷安宅而弗居,舍正路而不由,哀哉!(《离娄上》)

(2)君之视臣如手足,则臣视君如腹心;君之视臣如犬马,则臣视君如国人;君之视臣如土芥,则臣视君如寇仇。(《离娄下》)

例(1)用居安宅、行正路之日常事例来分别比喻守仁心、保义行的道理,并以此来深戒世人慎勿绝之,可算是从一定角度把"仁""义"的深奥

哲理讲得通俗明白极了。例（2）为多起式因序分承组合句（承句分别置于各起句之后），用一系列的比喻，向待臣下恩礼衰薄的齐宣王指出了"君臣大义"的相对性，讲得生动形象，浅显易懂，警策动人。

6. 可与多种辞格相结合，形成修辞的"合力"，增强语言的表达效果

《孟子》中起承组合的表达方式常和多种修辞格（如比喻、对照、对偶、排比、层递、反复等）相结合，形成一种修辞的合力，使得表达效果更强烈、更理想。如：

（1）夫人必自侮，然后人侮之；家必自毁，而后人毁之；国必自伐，而后人伐之。《大甲》曰："天作孽，犹可违；自作孽，不可活"。此之谓也。（《离娄上》）

（2）且古之君子，过则改之；今之君子，过则顺之。古之君子，其过也，如日月之食，民皆见之；及其更也，民皆仰之。今之君子，岂徒顺之，又从为之辞。（《公孙丑下》）

例（1）三个并列起句构成排比；由人及家而后及国，又构成层递；"必自"和"而后人……之"等相同词语又形成反复。起承组合与这几种修辞方式配合默契，使语言具有一种韵律美和节奏感，产生一种"同步"强化的修辞力量，使得语气更强烈，意思更突出，充分说明了祸福之来皆由自取的道理。例（2）的起承组合与对比、对偶、比喻、反复相结合，通过古今"君子"的强烈对照、反复比较，充分说明人不怕犯错误，只怕有错不改甚至掩饰错误的道理。

7. 可连续扩展，便于说明复杂的问题

《孟子》中的连承式组合句，可按不同的逻辑顺序不断地加以扩展，一口气说下去，直到把道理讲透彻才收拢，语势畅达，绵延往复，便于表达委婉曲折的情感，说明深刻复杂的道理。如：

生亦我所欲，所欲有甚于生者，故不为苟得也；死亦我所恶，所恶有甚于死者，故患有所不避也。如使人之所欲莫甚于生，则凡可以得生者，何不用也？使人之所恶莫甚于死者，则凡可以辟患者，何不为也？由是则生而有不用也，由是则可以辟患而有不为也，是故所欲有甚于生者，所恶有甚于死者。非独贤者有是心也，人皆有之，贤者能勿丧耳。（《告子上》）

上例紧扣"欲生"而"不为苟得"和"恶死"而"患有所不避"二者的选择问题连续扩展，反复强调，把一个复杂的道理讲得淋漓尽致。

起承组合句,先秦诸子已用得相当普遍,但《孟子》则多直接用于对话或辩论,而且从对后代说理性散文的影响来看,也以《孟子》为最深远。无论是唐代极力推崇孔孟,"志在古道,又甚好其辞",并俨然以孟轲自居的韩愈,还是为使文章逻辑严密、条理通达而明确提出要"参之《孟》《荀》以畅其支"的柳宗元,抑或是宋代称"孟子之文语约而意尽"的苏洵和以"有孟轲之风"见誉的苏轼等大家,其说理性文章里,都有不少《孟子》风格的起承组合句,从中皆可看出与《孟子》的师承关系。正是由于历代语言大家的刻意模仿和大胆创新,古代这种富有文采的起承组合句,才能在现代汉语中得到更好的继承和发展。

（本文发表于《郑州大学学报》1992 年第 1 期,收入河南省语言学会《汉语论丛》第 2 集,河南大学出版社 1992 年 9 月出版）

古汉语"有……者"句漫议

1."有……者",是古代汉语里一种表示人或事物之存在的习惯句式,多被用来提出一个前文不曾提及或突然出现的陈述对象。如:

（1）有蒋氏者,专其利三世矣。（《捕蛇者说》）

（2）宋人有闵其苗之不长而揠之者,芒芒然归。（《孟子·公孙丑上》）

这种句式,虽已为前辈学者和时贤所论及,但某些有关问题至今尚无定论。比如,例（2）"有"前的"宋人"是什么成分? 从马建忠到吕叔湘、王力、杨伯峻,各家说法不一①。近几年来,既有状语说②,又有主语说③,还有以"有……者"为后置定语的中心词说④。只此一端,即可见仍有深入探讨之必要。本书试就这种句式的结构类型、对应系列、活动规律及上述众说纷纭之点,略述己见,以求教于大方之家。

2.1"有……者"句的基本形式:a)有·名·者;b)有·动·者（少数为"有·形·者"）。这两种句式,皆为无主句。其中的"有"字,都是表存在的动词（前可受副词修饰,后可带宾语）,而"者"字,则应加区别。

a）中的"者"主要有两种用法:其一,作为语气词,用在"有"字的宾语（实为一种兼语）后面。如:

（1）有陈豹者,长而上偻,望视,事君子必得志。（《左传·哀公十四年》）

（2）有颜回者好学,不迁怒,不贰过。（《论语·雍也》）

（3）有澹台灭明者,行不由径,非公事,未尝至于偃之室也。（《论语·雍也》）

（4）有于嵩者,少依于巡。（《张中丞传》后序）

其二,若"有"的宾语是个定语后置的名词性偏正词组（不一定作兼语），则"者"为结构助词，可译为现代汉语的"的"。如：

（5）孔子过泰山侧，有妇人哭于墓者而哀。（《礼记·檀弓》）

（6）欧阳子方夜读书，闻有声自西南来者，悚然听之。（《秋声赋》）

"妇人哭于墓者"，即"哭于墓的妇人"；"声自西南来者"，即"自西南来的声"。

还有一种情况值得注意：如果"有·名"先直接组合，再与结构助词"者"组合，那么这种"有·名·者"，便是一般的"者"字词组，它与上述表存在的无主句形同实异，应予分辨。如：

（7）有恒产者有恒心，无恒产者无恒心。（《孟子·滕文公上》）

（8）有官守者，不得其职则去；有言责者，不得其言则去。（《孟子·公孙丑下》）

b）"有·动·者"式中的"者"，是结构助词，可译为"……的人"。这里由"动·者"所组成的"者"字词组，主要有三种用法：

其一，作兼语，既为"有"的宾语，又是下文的主语。如：

（9）有为神农之言者许行，自楚之滕，踵门而告文公。（《孟子·滕文公上》）

（10）有欲为王留行者，坐而言。（《孟子·公孙丑下》）

（11）有过于江上者，见人方引婴儿而欲投之江中。（《吕氏春秋·察今》）

（12）黔无驴，有好事者船载以入。（《黔之驴》）

其二，虽为"有"的宾语，但未必作下文主语；整个"有·动·者"被用来表示一种假设的情况。如：

（13）有决渎于殷周之世者，必为汤武笑矣。（《韩非子·五蠹》）

（14）有能得齐王头者，封万户侯，赐金千镒。（《战国策·齐策》）

（15）有复言令长安君为质者，老妇必唾其面。（《战国策·赵策》）

（16）有敢为魏王使通者，死。（《史记·魏公子列传》）

其三，虽为"有"的宾语，但既非兼语，又不与"有"共同表假设；整个"有·动·者"只提出一种存在的情况。如：

（17）王坐于堂上，有牵牛而过堂下者。王见之，曰："牛何之？"（《孟子·梁惠王上》）

（18）入门，有进而与右师言者，有就右师之位而与右师言者。孟子不与

右师言,右师不悦。(《孟子·离娄下》)

2.2"有……者"句的否定式:a)无……者;b)未有……者。这两种否定式,多用来强调某种人或事物之不存在,一般不提出下文的陈述对象。如:

(1)察邻国之政,无如寡人之用心者。(《孟子·梁惠王上》)

(2)未有仁而遗其亲者也,未有义而后其君者也。(同上)

(3)未有上好仁而下不好义者也,未有好义其事不终者也,未有府库财非其财者也。(《大学》)

2.3"有……者"句的变式。"有……者"句凝固性不强,"有"和"者"都可省略。如:

(1)[ ]北山愚公者,年且九十,面山而居。(《列子·汤问》)

(2)[ ]吕公者,好相人。(《史记·高祖本纪》)

(3)庆历中,有布衣毕升[ ],又为活板。(《活板》)

(4)此物固非西产,有华阴令[ ],欲媚上官,以一头进。(《聊斋志异·促织》)

(5)晋太元中,武陵人捕鱼为业。(《桃花源记》)

(6)楚人贫居,读淮南方,得螳螂伺蝉自障叶,可以隐形。(《笑林》)

例(1)、(2)中[ ]处省"有",例(3)、(4)中[ ]处省"者"。例(5)、(6)中的"武陵人捕鱼为业""楚人贫居"两处,按上古汉语的一般格式可看作是"有""者"皆省去了的变式。

2.4"有……者"句结构的改变

"有……者"本是一种无主句,但动词"有"(或其否定形式"无""未有")的宾语"……者",为了强调,可以提到"有"字之前作主语,从而使句子变成有主句。不过,通常要在原来的宾语位置上再补一个代词"之"字,构成"……者,有之""……者,无之"和"……者,未之有('未之有'即'未有之')也"几种句式,从而与上述"有……者"句之肯定和否定的有关句式形成对应的系列。这种句子往往是决断人或事物之有无的结论性句子,一般也不作下文的陈述对象。现分别举例说明如下:

a.……者,有之

(1)臣弑其君者有之,子弑其父者有之。(《孟子·滕文公下》)

(2)问鼎之轻重者有之,射王中肩者有之,伐凡伯、诛苌弘者有之。(《封建论》)

b. ……者,无之

这种句式较罕见:

(3)其家不可教而能教人者,无之。(《大学》)

c. ……者,未之有也

马建忠说:"曰'未有',曰'无之',皆决辞也。"⑤刘淇说:"未有者,决辞,言断然必无之也。"⑥

(4)不好犯上,而好作乱者,未之有也。(《论语·学而》)

(5)老者衣帛食肉,黎民不饥不寒,然而不王者,未之有也。(《孟子·梁惠王上》)

(6)遵先王之法而过者,未之有也。(《孟子·离娄上》)

在具体行文中,上述几种语序可交替使用,以收错综变化的修辞效果。如:

(7)君子而不仁者有矣夫,未有小人而仁者也。(《论语·宪问》)

(8)至诚而不动者,未之有也;不诚,未有能动者也。(《孟子·离娄上》)

(9)不仁而得国者,有之矣;不仁而得天下者,未之有也。(《孟子·尽心下》)

3.“名·有……者”句。“有”字前面,常出现表范围的名词(或名词性词组),从而构成“名·有……者”句式。这种句式的用法,与上述“有……者”句基本相同。句首的名词,实际上是一种方位词组的省略形式,一般可译为“……之中”的意思。它与“有”的宾语之间,存在着概念上的从属关系:前者是外延较大的属概念,后者是外延较小的种概念。如“宋人有闵其苗之不长而揠之者”句,是说“宋人之中有……者”,“宋人”指所有宋人,外延大;“闵其苗之不长而揠之者”只是宋人中的一个,外延小。吕叔湘先生把这种表范围的名词叫做“分母性起词”⑦,他之所谓分母与分子,指的也正是这种概念上的种属关系。

“名·有……者”句也分肯定和否定两种类型,各与2.1和2.2有关句式形成对应的系列。

3.1“有”前的名词常指人,形成“人·有……者”句式

A肯定式:a)人·有……者;b)人·或……

b)是a)的通用式,无定代词“或”的意思与“有……者”同。特别是

当 a）为"人·有·动·者"时,可与"人·或·动"式互换。"或"前表人的名词是范围性先行词,它与"或"也有着从属关系,"或"指代它所表示的人物中的某一个或某些。如:

（1）晋人有冯妇者,善搏虎,卒为善士。（《孟子·尽心下》）

（2）齐人有冯谖者,贫乏不能自存。（《战国策·齐策》）

（3）宋人有曹商者,为宋王使秦。（《庄子·列御寇》）

（4）凡我父兄昆弟及国子姓,有能助寡人谋而退吴者,吾与之共知越国之政。（《国语·越语》）

（5）赵主之子孙侯者,其继有在者乎? （《战国策·赵策》）

（6）今天下之君有好仁者,则诸侯皆为之驱矣。（《孟子·离娄上》）

（7）宋人或得玉,献诸子罕。（《左传·襄公十五年》）

（8）唐人或相与谋,请代先从者,许之。（《左传·定公三年》）

（9）左右或欲引相如去。（《史记·廉颇蔺相如列传》）

例（1）—（3）为"人·有·名·者"式,例（4）—（6）为"人·有·动·者"式,例（7）—（9）为"人·或·动"式。

B:否定式:a）人·无……者;b）人·未有……者;c）人·莫……

c）是 a）、b）的通用式,否定性无定代词"莫"的意思与"无（未有）……者"同。"莫"前表人的名词,是"莫"的范围性先行词,它与"莫"也有着从属关系,"莫"指代先行词所表示的人物中的任何一个,通过对其中任何个别的否定来否定全体。如:

（1）仲尼之徒无道桓文之事者,是以后世无传焉,臣未之闻也。（《孟子·梁惠王上》）

（2）齐人无以仁义与王言者,岂以仁义为不美也? （《孟子·公孙丑下》）

（3）唐之黄巢,横行天下,而所至,将吏无敢与之抗者。（《上皇帝万言书》）

（4）满座寂然,无敢哗者。（《口技》）

（5）今夫天下之人牧,未有不嗜杀人者也。（《孟子·梁惠王上》）

（6）枉己者,未有能直人者也。（《孟子·滕文公下》）

（7）此六君子者,未有不谨于礼者也。（《礼记·礼运》）

（8）朝廷之臣,莫不畏王。（《战国策·齐策》）

（9）群臣莫对。（《战国策·楚策》）

（10）每自比于管仲、乐毅，时人莫之许也。（《隆中对》）

例（1）—（4）为"人·无……者"式，例（5）—（7）为"人·未有……者"式，例（8）—（10）为"人·莫……"式。

3.2 "有"前的名词，不仅可以指人，也可以指事物，从而形成"事物·有……者"各肯定、否定之有关句式。如：

（1）是故所欲有甚于生者，所恶有甚于死者。（《孟子·告子上》）

（2）自是指物作诗立就，其文理皆有可观者。（《伤仲永》）

（3）祸福无不自己求之者。（《孟子·公孙丑上》）

（4）既入宫中，举天下所贡蝴蝶、螳螂、油利挞、青丝额一切异状遍试之，无出其右者。（《聊斋志异·促织》）

（5）且王者之不作，未有疏于此时者也；民之憔悴于虐政，未有甚于此时者也。（《孟子·公孙丑上》）

（6）奇计或颇秘，世莫能闻也。（《史记·陈丞相世家》）

（7）人固有一死，或重于泰山，或轻于鸿毛，用之所趋异也。（《报任安书》）

（8）回视日观以西峰，或得日，或否。（《登泰山记》）

（9）在天者，莫明于日月；在地者，莫明于水火；在物者，莫明于珠玉；在人者，莫明于礼义。（《荀子·天论》）

（10）故祸莫憯于欲利，悲莫痛于伤心，行莫丑于辱先，诟莫大于宫刑。（《报任安书》）

吕叔湘先生在《中国文法要略》里说："'莫'和'或'都只能指人，不能指物，指物的时候文言也还是不得不利用'有'和'无'。"⑧但例（6）—（10）说明，在这种句式里，"或"与"莫"之所指，取决于它前边表范围的名词，名词指人，"或（莫）"固然也指人；而如果名词指事物，那么"或（莫）"之所指便自然也都是事物了。种概念总是被包含在属概念的范畴里边。

3.3 "有"前边的范围性名词，到底是什么成分？笔者认为，汉语的语法分析，不能完全抛开意思。句首的名词，既然从意思看是方位词组的省略式，便应该具有方位词组作主语的语法功能。而且，通观"名·有……者"的各有关句式，即可看出，"有"前的名词的确是动词"有（无）"和主谓词组"或（莫）……"的表述对象，因而也应该被看作主语。只不过，这种主语回答的不是"谁"和"什么"的问题,而是"哪里"和"何处"的问题。它和"山上有石头,河里有泥鳅"中的方位词组"山上"和"河里"的语法地位,并没有两样。这种主谓句一般也不表示所有关系,它只表示存在。当然,如果"有"前的名词前边用了介词(上古汉语往往不用),那就应看作状语了,因为介词结构一般是不作主语的。

"或"和"莫"在"人·或(莫)……"这种句式里,前边既然有了先行词作全句主语,它们便只好退居于做谓语用的主谓词组里的主语地位了。

如果"有"前是名副其实的方位词组,则更应与其省略式一样被看作主语。如:

(1)北方有侮臣者,愿借子杀之。(《公输》)

(2)穷发之北有冥海者,天池也。(《庄子·逍遥游》)

(3)京中有善口技者。(《口技》)

(4)城东有甲乙同学者,一砚、一灯、一窗、一榻。(《芋老人传》)

(5)村南有夫妇守贫者,织纺井臼,佐读勤苦。(同上)

例(4)、(5)的"甲乙同学者"和"夫妇守贫者"都是定语后置的名词性偏正词组。尽管"北方""村南"这种方位词组,和"有"后的宾语是两个不同的概念,彼此间不存在概念上的从属关系,因而与方位词组的省略式还有所不同,但这种不同,并不影响它们在句子里相同的语法地位。

"有"前表范围的名词(或词组)也可以是时间词,这种时间词过去一般被看作状语。如:

(6)今有人日攘其邻之鸡者。(《孟子·滕文公下》)

(7)仪凤中,有儒生柳毅者,应举下第,将还湘滨。(《柳毅传》)

但笔者认为,时间和空间是两个平等的概念,因而时间词也完全有资格与表处所的方位词组一样作陈述对象,充当主语。这一点,有时表现得十分明显,如:

(8)楚之南有冥灵者,以五百岁为春,五百岁为秋;上古有大椿者,以八千岁为春,八千岁为秋。(《庄子·逍遥游》)

这里,前后两句对举并列,结构相同,方位词组"楚之南"既是主语,时间词"上古"显然也应该被一视同仁地看作主语。若时间词与处所词同时出现在一个"有"前,可按语序把在前者看作主语。

4."副·有……者"句

"有"既是动词,便可受副词的修饰;修饰"有"的副词,当然应看作状语。如:

(1)夫环而攻之,必有得天时者矣。(《孟子·公孙丑下》)

(2)盖上世尝有不葬其亲者,其亲死,则举而委之于壑。(《孟子·滕文公上》)

(3)而事乃有大谬不然者。(《报任安书》)

上述各例中的"必""尝""乃"等词,都是副词状语;就连前文所述"未有……者"中的否定词"未",其实也是副词状语。

（本文发表于《驻马店师专学报》1987年第2期）

【注释】

①参见

a)马建忠著《马氏文通》179页。商务印书馆,1988年,北京。

b)吕叔湘著《中国文法要略》108页。商务印书馆,1982年,北京。

c)王力著《汉语史稿》391页。中华书局,1980年,北京。

d)杨伯峻著《文言文法》164页。中华书局,1963年,北京。

②参见:《语言教学与研究》1982年第2期108页和《齐鲁学刊》1984年第4期126页。

③参见甘肃人民出版社1982年出版《文言文语言分析》101页。

④参见蔡镇楚编著《实用文言语法表解》259页,上海教育出版社。

⑤参见《马氏文通》180页。

⑥参见刘淇著《助字辨略》175页。中华书局,1954年,北京。

⑦⑧参见吕叔湘著《中国文法要略》66页,100页。商务印书馆,1982年,北京。

"此其……"句试析

　　"此其……"是古汉语的一种特殊句式,常被用来给前文下断语,表示对某个问题的看法。如:

　　①天下之水莫大于海:万川归之,不知何时止,而不盈;尾闾泄之,不知何时已,而不虚;春秋不变;水旱不知。此其过江河之流不可为量数。(《庄子·秋水》)

　　②太史公疑子房,以为魁梧奇伟,而其状貌乃如妇人女子,不称其志气。呜呼!此其所以为子房欤?(《留候论》)

　　句首之"此其",由指示代词"此"和人称代词"其"连用而成。这种同类近义虚词的连用,是汉语词汇发展史上由词组演变为复音词的一种过渡形式。无论从结构还是从意义上看,"此其"都既像词组,又像词;有时像词组,有时像词。值得注意的是,两词之连用,虽可远溯至先秦,却始终未凝固成稳定的复音词。从表意角度看,其不稳定性大致表现在下述两种情况的并存上:一是两个词连用的结果,表示其中一个词的意义,这类"此其"可看作复音代词,如例①;二是两个词仅仅连用而已,意思上仍各有所指,这类"此其"仍只能看作两个词的临时组合,如例②。两种"此其"的区别,在于"此"与"其"在具体上下文里指代对象的重复与否:指代对象重复者,"此其"之意义具有单一性;指代对象不同者,彼此之意义就有所区别。这样理解,决不是望文生义,而是根据其不稳定的特点加以区别对待,这是应有的科学态度。本书之所谓"此其……"句,包括上述两种以"此其"开头的句子,兹分而试析之。

　　A. "此"与"其"指代对象重复者,常见的有:

　　a)"此其·动·谓"式。如上述例①。黎锦熙先生在《比较文法》里,曾就比例精辟地分析了"此其"连用的原因和作用。他说："盖方着一'此'字指代上文之'海'而欲加以断语,忽思宜与江湖为比乃得作有力之赞扬","遂借'其'字之力引'此'字之义以入子句中;此代词'其'字脱胎换骨之妙用也。"再如:

③号物之数谓之万,人处一焉;人卒九州,谷食之所生,舟车之所通,人处一焉;此其比万物也,不似毫末之在于马体乎?(《庄子·秋水》)

④于是言利之人皆攘臂圜视,炫鬻争进,各斗智巧,以变更祖宗旧法,大抵所利不能补其所伤,所得不能偿其所亡,徒欲别出新意,以自为功名耳,此其为害已甚矣。(《与王介甫书》)

例③、④之"此其"皆可大致看作复音代词,分别指代"人"和"言利之人"。其中的两个"其"字,皆因与"此"指代重复,引进了"此"字之义,而与"此"义合而为一。"此其比万物"和"此其为害"两个词组分别为句子的主语,"不似……"和"已甚"分别为谓语。

b)"此其·名·谓"式。如:

⑤今国家所以奉西北之虏者,岁以百万计。奉之者有限,而求之者无厌,此其势必至于战。(《教战守策》)

⑥夫当今生民之患,果安在哉?在于知安而不知危,能逸而不能劳。此其患不见于今日,而将见于他日。(同上)

例⑤、⑥的"此其",也都因"此"和"其"指代重复,意义单一,故均可大致看作复音代词,分别作"势"和"患"的定语;"此其势"和"此其患"均为名词性偏正词组,作全句主语。

B."此"与"其"指代对象不同者,常见的有:

a)"此·其·名·谓"式。如;

⑦沛公居山东时,贪于财货,好美姬;今入关,财物无所取,妇女无所幸,此其志不在小。(《史记·项羽本纪》)

⑧有过于江上者,见人方引婴儿而欲投之江中,婴儿啼。人问其故。曰:"此其父善游。"(《吕氏春秋》)

例⑦、⑧的"此其"均为代词的临时组合。例⑦之"此"为主语,指代沛公入关后对财物和妇女之态度的巨大变化;"其"代沛公,作"志"的定语,"其志不在小"为主谓词组,作谓语。全句意思是:这(说明)他的志向不小。例⑧之"此"亦为主语,指代"其故",即上述引婴儿投江之缘故;"其"代婴儿,作"父"的定语;"其父善游"为主谓词组,作谓语。全句意思是：这（是因为）他爸爸善游泳。

b）"此·其·名"式。这是一种较典型的判断句。如：

⑨其无宿根者，即候苗成而未有花时采，则根生已足而又未衰。如今之紫草，未花时采，则根色鲜泽；花过而采，则根色黯恶，此其效也。（《梦溪笔谈》）

⑩向其先表之时可导也，今水已变而溢多矣，荆人尚犹循表而导之，此其所以败也。（《吕氏春秋》）

⑪蚤起，施从良人之所之，遍国中无与立谈者，卒之东郭墦间，之祭者，乞其余；不足，又顾而之他——此其为餍足之道也。（《孟子·离娄下》）

例⑨、⑩、⑪的"此其"也都是代词的临时组合；"此"均为主语，紧承上文，分别指代"今之紫草……则根色黯恶"的实际情况、"今水已变……循表而导之"的愚蠢做法和"之祭者……又顾而之他"的卑鄙行为；"其"分别代"其无宿根者……未衰"的说法、"荆人"和"齐人"，作名词"效"和名词性词组"所以败"以及谓词性成分"为餍足"的定语；例⑨、⑩的"其效"和"其所以败"皆为名词性偏正词组，作全句谓语；例⑪的"其为餍足之道"也为名词性偏正词组，作全句谓语。

如果认为 B 类句的"此其"与 A 类句的"此其"，都可看作意义单一的复音代词，那便是忽略了连用之"此其"表意的不稳定性，而把 A 类句表意比较单一之特点普遍化、绝对化了。这是不符合语言实际的。其实，不仅 B 类句的"此其"二字各有指代，作用不同，意义有别，因此只能看作是一种词组，即使是 A 类句的"此其"，也并未凝固成典型的复音词。比如例①，《马氏文通》早就指出："'此''其'二字连用似成一语，细按之，则各为句读之主次。"既然它们分居于句子的不同层次，有着不同的语法作用，仅仅是称代对象重复，意义比较单一，当然也就不能看作地道的复音词。总之，A、B 两类句之"此其"区别明显，有人说它们一概"不能分训"，是不足以服人的。

鉴于上述"此""其"连用的不同情况，有关"此其……"句的朗读与翻译一般也应注意两点：一是若"此"与"其"指代重复，则可把"此其"连在一起读，译时看作一个复音代词，根据不同的上下文，或取"此"义，或取"其"义。这正如裴学海《古书虚字集释》所说："此其"是复语，"此"犹"其"也。二是如果"此"与"其"还仅仅是临时连用，彼此所指代的对象并不相同，那就可把二者断开来读并按其不同意思翻译。

（本文发表于安徽师范大学《学语文》1991 年第 1 期）

现代口语中的一种使动用法

使动用法,本是古代汉语里的词类活用现象之一。在《诗》《书》《易》等较早的文献里,虽较罕见,但自春秋末期或战国初期开始广泛应用后,历代文言文中一直普遍存在。到了现代汉语里,这种用法是非常少见了,但也并非绝无仅有,比如在口语交际中要表示某种强烈的心理感受时,便时常用到,如:

(1)真是气死人,真是气死人!

(2)真是乐死人,真是乐死人!

例(1)的"气死人",意思是"令人生气到极点";例(2)的"乐死人",意思是"使人快乐极了",都是表示心理感受的使动用法。本书试对这种使动用法略谈点个人浅见。

A1. 上述使动用法里的"气"和"乐"一类词,意思是使宾语所表示的人具有某种强烈、深刻的心理体验或主观感受,可以把它们统称做"心理感受类使动词"。这类词大都具有浓厚的口语色彩,适用于日常生活中的言语交际。在未用作使动之前,它们本来都是些表心理感受的动词或形容词,如:

a组(单音节的):

喜、乐、感、迷、醉、服、气、恼、恨、烦、愁、焦、羞、急、怕、腻、疼、痒、困、累、热、冷、渴、饿、酸、臭,等等;

b组(双音节的):

喜欢、眼气、感动、迷惑、害怕、头疼、心疼、着急、难为、难受、委屈、心焦、后悔、恶心、干哕、讨厌、可怜,等等。

这类词,各地方言都有,从河南方言来说,如:

南阳话:搁意（讨厌）、得劲（舒服）；

汝南话:刻 [kʻiɛ] 烦（讨厌、厌烦）、得法（舒服）；

泌阳话:苛烦（讨厌、厌烦）、磕碜（肮脏丑恶,令人厌恶）。

A2. 现代口语里这种表心理感受的使动用法,与古代汉语里表心理感受的使动用法一脉相承。试比较:

a 组:

（1）吾惧君以兵,罪莫大焉。（左传·庄公十九年）[惧君:使君害怕。]

（2）民不畏死,奈何以死惧之? （老子·七十四章）[惧之:使之害怕、恐惧。]

（3）他看样子怪害怕人,其实待人可好哩。[害怕人:使人害怕。]

b 组:

（1）庄公寤生,惊姜氏,故名曰寤生,遂恶之。（左传·隐公元年）[惊姜氏:使姜氏吃惊。]

（2）此鸟不飞则已,一飞冲天;不鸣则已,一鸣惊人。（史记·滑稽列传）[惊人:使人吃惊。]

（3）中国的建设成就,震惊世界。[震惊世界:使全世界的人大吃一惊。]

稍加比较即可看出,在古、今汉语中,表心理感受的使动用法,没有什么大的差别。

A3. 这部分表心理感受的词中的动词,既有使动用法,更有一般用法,两种用法结构相同,意义有别。如:

a 组:

（1）那家伙讨厌人,没人喜欢他。[那家伙使人讨厌。]

（2）那家伙讨厌他老婆,动不动就拳打脚踢。[那家伙对他老婆很讨厌。]

b 组:

（1）儿子们气她了,她哭了一夜。[儿子们使她生气了。]

（2）儿子们气她,嫌她老不中用;闺女们也气她,说她舍不得吃、穿。[儿子和闺女们都生她的气。]

a、b 两组例句中,例（1）均为使动用法,例（2）均为一般用法。显而易见,表心理感受的动词,其使动用法与一般用法即使结构和词语都相同,表达的意义也不一样。在一般用法中，宾语多表示心理活动涉及的对象，是受事，而在使动用法中，谓语所表示的心理感受，则都是它"致使"宾语产生的，所以宾语是施事。这种区别，是能够从语言环境和语意关系上搞清楚的。

A4. 由于"心理感受"是只有人才具有的，所以表心理感受的动词或形容词的使动用法，与一般动词或形容词的使动用法就有所不同：前者的宾语一般都是人，而后者的宾语则可以是人，也可以是事物。如：

a组：

（1）快拿走，别放这儿眼气我！

（2）对不起，委曲你了。

（3）出去凉快一会儿吧，屋里热死人。

（4）这葡萄不管吃，酸死人。

b组：

（1）集合全校学生

（2）改善办学条件

（3）端正学习态度

（4）稳定思想情绪

a、b两组例句都是使动用法，但a组的使动词是表心理感受的，b组的使动词是一般性的；a组宾语都指人，b组宾语则分别指人或事物。

我们还可以从这种使动句的语法结构上，来考察心理感受类使动词（以下简称"使动词"）的用法特点。

B1. 使动词·宾语 使动词后一般都有指人的宾语。它可以是虚指性的，也可以是确指性的，而以虚指性的居多。如：

a组（宾语为虚指的）：

（1）今年的庄稼长势喜人。

（2）革命故事十分感人。

（3）小牛犊生下来就死了，实在心疼人。

（4）说过来说过去，不嫌腻人？

（5）她的歌声真迷人。

（6）啥气味？干哕人！

b组（宾语为确指的）：

（1）你走吧，别在这儿讨厌我！

（2）我咋刻烦你了？

（3）她不会唱歌,别再难为她了。

（4）英雄的事迹感动了我们。

a组各句的宾语"人",是虚指性的；b组各句的宾语"我""你""她""我们",是确指性的。有时,宾语在形式上虽是虚指的,而实际上则有确指的内容。如：

（1）去年我体重差一斤,没当上兵,真是气死人。["人"实指"我"自己。]

（2）那事不怨他,咱不能委屈人家。["人家"实指"他"。]

B2.［状语］·使动词　使动词前常有副词等修饰成分作状语。如：

（1）这孩子的两只大眼睛［格外］喜欢人。

（2）这类杂事儿［最］烦人。

（3）我嫌你［太］搁意人。

（4）贫困地区的孩子上不起学,［多么］可怜人。

（5）你就捐这么几个钱,［实在］寒碜人。

B3.使动词·〈补语〉·宾语　使动词后常有补语。当表示特别强烈的心理感受时,往往用表示达到极点的"死""坏""毁"或"不死"之类词作补语,其位置均在使动词与宾语之间。如：

a组补语为"死""坏""毁"的：

（1）干出这种丑事,真是羞〈死〉人!

（2）啥虫咬我了一下,痒〈死〉人!

（3）恨〈死〉我了,真想一巴掌拍扁它。

（4）要是得了那种病,疼〈坏〉你也没办法。

（5）有些人就是不讲公德,真恼〈毁〉人!

b组补语为"不死"（与"死"意思相同）的：

（1）恶心〈不死〉我,别说了!

（2）催你几遍了,还不慌不忙,真着急〈不死〉人!

（3）孩子们别吵吵了,心焦〈不死〉人!

（4）干活就得像个干活的样子,别在那儿难受〈不死〉人!

此外,使动词与宾语之间的补语,也有用"住""了"的,如：

（1）这么简单的活儿,咋能累〈得住〉人呢?

（2）就那两杯酒，能醉＜得了＞他吗？

（3）他那些鬼话，迷惑＜不了＞我们。

B4. 使动词·宾语·＜补语＞　使动词的其他补语，一般出现在宾语之后。如：

（1）这次机会要是再错过了，将后悔你＜一辈子＞。

（2）天黑，路难走，就先在我这儿委屈大家＜一夜＞吧。

（3）干等，票送不来，急我＜一头汗＞。

（4）门挤住手了，疼他＜两眼泪＞。

B5. 使动词·使动词·宾语　少数使动词可以叠用；其叠用形式，单音节的为XX式，双音节的为XYXY式。如：

（1）你先别告诉他，急急他再说。

（2）她说这句话是想气气她男人。

（3）房间住满了，暂时睡这个铺上委屈委屈你吧。

（4）我今天就是要搁意搁意你，非搁意死你不可。

B6. 使动词·宾语·不·使动词·宾语　"使动词加宾语"这一结构及其否定形式，也可叠用。如：

（1）这道题干急算不出来，你说头疼人不头疼人。

（2）等了半天，车还没来，你看焦人不焦人。

（3）他是只管往外说，也不管讨厌人不讨厌人。

（4）俺爷从前是活活饿死的，想想可怜人不可怜人。

B7. 谓语·得·＜使动词·宾语＞　如果句子前边有谓语，也常用使动词加宾语来作补语。如：

（1）这孩子胖得＜喜欢人＞。

（2）连阴雨下得＜愁人＞。

（3）屋里黑得＜瘆人＞。

（4）屁股扭得＜恶心人＞。

B8.（使动词·宾语）·中心语　使动词加宾语还可用来作定语。如：

（1）他那（感人）的事迹还多着呢。

（2）那些不（喜欢人）的话最好少说。

（3）我最爱听那些（害怕人）的故事。

（4）不要相信那些（迷惑人）的花言巧语。

表心理感受的动词和形容词较多，能用作使动的只是其中一部分；而且在具体用法上，还各有不同的习惯性。这种习惯性主要表现在以下几个方面：

C1. 表心理感受的动词或形容词。如果有单音节和双音节两种近义形式，那么，有些是两种形式都可用作使动，有些则只有单音节常用作使动。如：

a组（单音节和双音节均可用作使动的）：

急，着急——急人，着急人；喜，喜欢——喜人，喜欢人；焦，心焦——焦人，心焦人；愁，发愁——愁人，发愁人；感，感动——感人，感动人。

b组（只单音节常用作使动的）：

气，生气——气人；烦，厌烦——烦人；累，劳累——累人；醉，陶醉——醉人。

C2. 少数心理感受类使动词，能直接紧跟虚指性宾语和确指性宾语，如：

气：（1）你真气人。（2）你别气我了。

眼气：（1）你真眼气人。（2）你别眼气我了。

讨厌：（1）你真讨厌人。（2）你别讨厌我了。

恶心：（1）你真恶心人。（2）你别恶心我了。

但多数心理感受类使动词，一般只直接紧跟虚指性宾语，而不直接紧跟确指性宾语；如果后边要跟的是确指性宾语的话，习惯上往往还需要一些附加成分。比如有的要在使动词与确指宾语之间添个补语"死"字（见上述B3）。试比较：

a组：

（1）夜间走路，害怕人哪！

（2）夜间走路，害怕死我呀！

b组：

（1）麦子被雨淋坏了，心疼人哪！

（2）麦子被雨淋坏了，心疼死我呀！

a组例（2）不说成"害怕我"，b组例（2）不说成"心疼我"。

有的使动词虽可紧跟确指宾语，但宾语后往往还要有补语。如：

（1）蝎子蛰住了，疼我＜一夜＞。

（2）听了他那句话，难受我＜半天＞。

有些使动词，即使其宾语是虚指性的，习惯上也要附加"死"之类的补语。如：热死人；冷死人；臭死人；咸死人；渴死人；等等。

C3.由于本书所述的使动用法，多出现在日常口语中，所以某些表心理感受的词，若具有口语和书面语两种近义形式的话，便自然以口语词用作这种使动的情况居多。如：

羡慕：多用于书面语

眼气：多用于口语

常见的使动用法：眼气人

厌恶：多用于书面语

恶心：多用于口语

常见的使动用法：恶心人

C4.多数心理感受类使动词不能叠用，如，喜喜人、烦烦人、恼恼人、害怕害怕人、头疼头疼人等，都不能成立。

总之，语言的发展是渐变性的，而语法则稳固性更强，发展更慢。表心理感受的使动用法，古代汉语里一直存在，现代口语中仍时常用到。对这种用法，既应了解其一般规律，也应注意各个使动词的不同特点，只有从语言的客观实际出发，才能全面掌握。

（本文发表于《天中学刊》1996年第4期）

句首状语的修辞作用

句首状语有以下几种修辞作用：

一、突出语意重点

一些表时间、处所的名词或词组，形容词，副词或介词词组作状语，如果在句子里是语意重点，则不管是强调必要的前提条件，还是铺设特有的感情色彩；不管是表现某种创作意图，还是作为统摄各分句意思的总纲，都可提到句首以示突出。如：

①在帝国主义时代，任何国家的任何别的阶级，都不能领导任何真正的革命达到胜利。（毛泽东《论人民民主专政》）

②当三个女子从容地转辗于文明人所发明的枪弹的攒射中的时候，这是怎样的一个惊心动魄的伟大呵！（鲁迅《记念刘和珍君》）

例①的句首状语从时间上给句子划定必要的前提条件，强调工人阶级之外的其他阶级都不能领导革命取得胜利的道理。例②的状语给句子涂上了一层特有的感情色彩，强调作者对刘和珍的沉痛哀悼和对反动派的无比愤慨，加强了用反语抨击敌人的力量。这类句子的句首状语，若放回主、谓之间，便显得平淡。（例②这样的句子，句首状语还不能放到主语后谓语前）

二、使句子语势贯通

句首状语由于位置醒目，语意突出，所以有一种特殊的关联作用，可用来加强句子、句组、层次、段落、章节之间的联系，收到上下衔接、语意连贯、层次清楚、结构严谨的修辞效果。如：

③几年来,多少革命同志,一个个的流血牺牲了！每当看到这种情景的时候,黄老妈妈总是忍不住扯心般的疼痛。(峻青《党员登记表》)

④但是我总觉得不安……在阴沉的雪天里,在无聊的书房里,这不安愈加强烈了。(鲁迅《祝福》)

例③的"每当……时候"沟通上下句意,起了过渡作用。例④两个"在……里"照应前文关于下雪和回到书房的交代,连贯了前后文意。

三、使句子结构精练

状语如果多、长,会把主语和谓语隔得太远;复句里几个分句的状语相同,又会形成不必要的重复。这些情况都会使得句子冗长杂乱,脉络不清,影响意思的表达。把这样的状语前置句首,可缩短主、谓距离,使句子结构精练,使语言简洁明快,意思显豁。如:

⑤亲爱的朋友们,当你坐上早晨第一列电车驰向工厂的时候,当你扛上犁耙走向田野的时候,当你喝完一杯豆浆、提着书包走向学校的时候,当你坐到办公桌前开始这一天工作的时候,当你往孩子口里塞苹果的时候,当你和爱人一起散步的时候……朋友,你是否意识到你是在幸福之中呢?(魏巍《谁是最可爱的人》)

⑥在历史的发展中,新生的东西总要战胜腐朽的东西,革命的东西总要战胜反动的东西,先进的东西总要战胜落后的东西。(《黑海风暴和天气预报的产生》)

例⑤状语既多且长,前置后整个句子显得紧凑洗练,比起不前置,脉络更分明,意思更显豁。例⑥几个并列分句的公用状语前置,要比分别放到三个主语"东西"后简洁明快得多。

四、能增强语言的表现力

利用句首状语还可以构成对比、排比等辞格,在简洁精练的基础上求得整齐匀称,以增强语言的表现力。如:

⑦在一年之前,这寂静和空虚是并不这样的,常常含着期待;期待子君的到来。……

然而现在呢,只有寂静和空虚依旧,子君却不再来了,而且永远,永远地!……(鲁迅《伤逝》)

⑧前年的今日,我避在客栈里,他们却是走向刑场了;去年的今日,我在炮声中逃在英租界,他们则早已埋在不知哪里的地下了;今年的今日,我才坐在旧寓里,人们都睡觉了,连我的女人和孩子。(鲁迅《为了忘却的记念》)

例⑦两处句首状语突出了时间,构成强烈对比,表现了涓生前后两种"寂静和空虚"的不同和因爱情悲剧而生的悔恨与悲哀。例⑧三个并列复句的句首状语构成排比句式,加强了抒发深沉的悲愤之情的语气,表现了随着时间的推移而仍在怀念、哀悼五位青年作家的深挚情感。

(本文发表于中国修辞学会、河南省语言学会、信阳师范学院《语文知识》1985年第2期)

比喻的局限性

比喻是文学语言的根本。作为一种修辞手法,它能增加语言的生动性和形象性,使抽象的事物具体化,深奥的道理浅显化,从而给人以鲜明深刻的印象。但是,正如列宁所说:"任何比方都是有缺陷的。这是无可争辩的、人所共知的道理。但是,我们不妨再把这些道理提一下,以便更清楚地认识到任何比方的有效界限。"①比喻是一种主观成分较多的语言艺术,这一特点虽能使之光彩夺目,但毕竟也因此致使其作用受到种种限制。本书即从这方面提出问题并略陈管见,愿就此和大家共同商讨。

一、不能全面确切地表现事物

1. 片面性

比喻是用另外的事物(喻体)来比拟思想对象(本体)的一种修辞方式。构成这种比拟之所以可能,是因为喻体和本体之间有着某种相似性。用比喻的目的,就是要借助于这种相似性通过喻体表现本体,以加深听读者对本体的认识。虽然任何事物都是多面体,尽可从多方面去发现其与其他事物的相似性以构成比喻,但就每一个比喻来说,却都是为适应一定题旨情境的需要而作的强调性"特写",所取之相似点一般只有一两个或几个,不可能是很多的。这种所取相似点的有限性,决定了喻体表现本体的片面性。因为,既是取诸局部而不及其余,就必然有所侧重,不可能全面地表现思想对象。刘向《说苑》所记惠施关于"弹之状如弓,而以竹为弦"的比喻,虽能使"不知弹者"顿感弹之"可知",但也仅限于弹之"状"一个方面,至于弹的详细构造、尺寸大小、工艺特点、性能功用等诸多其他方面,仍是不能从这一比喻中得知的。再如：

（1）曲曲折折的荷塘上面，弥望的是田田的叶子。叶子出水很高，像亭亭的舞女的裙。（朱自清《荷塘月色》）

（2）她们奔着那不知道有几亩大小的荷花淀去，那一望无边挤得密密层层的大荷叶迎着阳光舒展开，就像铜墙铁壁一样。（孙犁《荷花淀》）

以上两例中的比喻写的都是荷叶，但又都不是全面表现荷叶的。例（1）以"亭亭的舞女的裙"为喻，强调的是荷塘月色里"出水很高"的荷叶的个体形象，以给人一种美感；例（2）则以"铜墙铁壁"为喻，强调的是一群抗日妇女当作天然屏障的荷花淀里那"一望无边挤得密密层层的大荷叶"的群体形象，以表现一种不容侵犯的威严和团结一致、坚不可摧的力量。两个比喻都是根据特定的题旨情境的需要只侧重表现了荷叶的一个方面。

如果读者不了解比喻的这种片面性，而误以为比喻可以由相似之一点推及其余，因而能全面表现本体，那就必然会造成认识上的错误。如：

（3）生而眇者不识日，问之有目者。或告之曰："日之状如铜盘。"扣盘而得其声。他日闻钟，以为日也。或告之曰，"日之光如烛。"扪烛而得其形。他日揣籥，以为日也。（苏轼《日喻》）

例（3）的两个比喻，前者只表现日之"状"而未及其"声"，后者只表现日之"光"而未及其"形"；但这位"生而眇者"把仅取一点相似的比喻推及到其他点也相似，误作可全面表现事物来理解，结果一再闹出笑话，始终未形成对日的正确认识。

从科学的意义来讲，认识事物，研究问题，最忌带片面性。列宁说："要真正地认识事物，就必须把握、研究它的一切方面、一切联系和'中介'。我们决不会完全地做到这一点，但是，全面性的要求可以使我们防止错误和防止僵化。"[②]比喻显然不能从那么多方面给听读者提供方便，它毕竟只是一种语言艺术，不可能用来完全解决认识问题。

2. 不确切性

首先，比喻与客观的直述不同，比喻的作用只在于引人联想，而不在于表现本体事物的庐山真面目。同时，比喻是通过喻体来表现本体的，而喻体则是说写者联想的产物，具有较强的主观随意性，它与本体只在某一方面近似，本质上却完全不同。这些特点，决定了喻体与本体之间的似是而非、若即若离的模糊关系，决定了比喻表现事物的不确切性。如：

（4）困难不是铁，不是钢，困难是弹簧，你强它就弱，你弱它就强。（《红旗歌谣》）

这是个很好的比喻，意在鼓励人们不要怕困难，而要敢于战胜困难。但世上只有具体的困难，没有抽象的困难；这一比喻能否使人对形形色色的困难产生清晰明确的印象呢？不能。尽管人们通过由它所引起的联想可以对困难欺弱怕强的本质有所了解，但这种了解是模糊的，不具体的。因为，弹簧与困难是两个根本不同的事物，不似之处很多，单凭其仅有的一点"相似性"，是决不可能使人对困难有具体、确切的认识的，而只能获得一个大致的印象。从认识论来讲，实践出真知，人们只有在和各种各样的困难作斗争的实践中，才能真正认识困难，从而找到战胜困难的办法。

其次，喻体与本体之间的所谓"相似"，主要是说写者的一种主观感觉，并不具备几何学上两个相似形所有的那种确切的相似性。所以，即使从相似点看，喻体和本体也是有很大不同的。如：

（5）一条铁带拴上了长江的腰，
　　在今天竟提前两年完成了。
　　有位诗人把它比成洞箫，
　　我觉得比得过于纤巧。
　　一般人又爱把它比作长虹，
　　我觉得也一样不见佳妙。
　　长虹是一个半圆的弧形，
　　旧式的拱桥倒还勉强相肖，
　　但这，却是坦坦荡荡的一条。
　　长虹是彩色层层，瞬息消逝，
　　但这，是钢骨结构，永远坚牢。
　　我现在又把它比成腰带，
　　这可好吗？不，也不太好。
　　那么，就让我不加修饰地说吧，
　　它是难于比拟的，不要枉费心机，
　　它就是，它就是，一座长江大桥。

（郭沫若《长江大桥》）

作者之所以把人们给长江大桥所作的种种比喻全都加以否定,正是因为他从洞箫、长虹、腰带等喻体与本体大桥之间的相似性里看到了不似之处,即:比之洞箫,则"过于纤巧";比之长虹,则长虹的半圆式弧形,难以表现大桥的"坦坦荡荡";长虹的"彩色层层,瞬息消逝",难以表现大桥的"钢骨结构,永远坚牢";……可见,比喻是不可能确切地表现事物的。

二、不能确保预期的修辞效果

1. 读者的联想难以把握

比喻的心理基础是联想。创造比喻靠联想,理解比喻也要靠联想,比喻的一切修辞效果都只有通过联想才能产生。而联想,则具有浓厚的个人主观色彩,"由于人的生活经历、文化素养、工作性质、兴趣爱好、生活环境、年龄性别等方面存在种种差异,各人的联想能力和产生的联想也就有了很大的差别。"[③]这种差别,直接影响着比喻的修辞效果。因为,既然听读者的联想因人而异,说写者便不可能对它实行统一遥控,使之保持同步,彼此默合,结果当然也就不一定在所有听读者那里都能达到他用比的预期目的。如:

(6)一切反动派都是纸老虎。(毛泽东《和美国记者安娜·路易斯·斯特朗的谈话》)

(7)今日长缨在手,何时缚住苍龙?(毛泽东《清平乐·六盘山》)

例(6)是毛主席在二次世界大战结束后不久关于国际形势和国内形势的一篇重要谈话里的一个著名论点。这个反映了客观事物本质及其规律性的论点,不仅为我国广大人民群众所完全理解,而且加强了我国人民藐视反动派、夺取最后胜利的信心,在人民解放战争的革命实践中起了极其伟大的作用。事实证明,毛主席所创造的这个比喻已完全达到了预期的目的,收到了极好的效果。而例(7)则有所不同。"苍龙"比喻什么?从这首词发表后的一个时期里学术界的讨论情况看,它在不同的听读者那里所引发的联想并不相同,彼此的理解并不一致:有人认为指蒋介石,也有人认为指日本帝国主义;还有人认为指一切反动派,既包括国际上的帝国主义,也包括国内的反动统治者。但到底作者的用意何在?据说毛主席自己是这样解释的:"苍龙,指蒋介石,不是日本人。因为当时全副精神要对付的是蒋介石。"[④]可见,即使是善用比喻的说写者,也不能保证所用的比喻在不同的听读者那里都收到理想的效果。这原因就在于,尽管不同的听读者都能在比喻的暗示下,根据相似点而驰骋想象,上下求索,去理解说写者用比的意图,追寻说写者希望达到的目的,但结果,由于联想因人而异,所以有的人可以达到,有的人却达不到。

有时,如果比喻的意义十分朦胧,说写者的暗示又实在难以捉摸,甚至连他自己也说不清要暗示的意义究竟是什么,那么,听读者对其用意的追寻则可能就要"上穷碧落下黄泉,两处茫茫皆不见",或者"忽闻海外有仙山,山在虚无缥缈间"了。这种情况,我们常常会在读一些朦胧诗时遇到。

比喻所诱发的联想既然如此难以把握,可见,它是不能保证说写者预期的修辞效果的。

2. 所引起的评价有不同

联想的个人差异既然导致了对比喻的欣赏与理解的不同,那么,在大家尚未取得评价比喻的统一标准时,不同的听读者对同一个比喻会有褒贬不一的意见,也就不足为奇了。如:

(8)昨日春如十三女儿学绣,一枝枝不教花瘦。甚无情便下得雨僝风僽。向园林铺作地衣红绉。　　而今春似轻薄荡子难久。记前时送春归后,把春波都酿作一江春酎,约清愁杨柳岸边相候。(辛弃疾《粉蝶儿》)

(9)三仙姑却和大家不同,虽然已经四十五岁了,却偏爱来个老来俏,小鞋上仍要绣花,裤腿上仍要镶边,顶门上的头发脱光了,用黑手帕盖起来,只可惜官粉涂不平脸上的皱纹,看起来好像驴粪蛋上下上了霜。(赵树理《小二黑结婚》)

对例(8)中的两处比喻,《唐宋词鉴赏辞典》所收张碧波先生的评论是这样的:"我们认为这两个比喻不仅贴切逼真,真朴生动,而又极富创造性;就因为有这两个极富创造性的比喻,才使这首词具有不拘一格的灵动之气。"这显然是一种较高的评价。但清代人陈廷焯却早在其《白雨斋词话》里说过这样的话:"稼轩《粉蝶儿》起句云:'昨日春如十三女儿学绣',后半起句云:'而今春似轻薄荡子难久',两喻殊觉纤陋,令人生厌。"这又分明是一种否定了。对例(9)的评价如何呢?有人说:"这段肖像描写真令人拍案叫绝……这真是出语惊人,不但画出了又老又丑偏偏又爱涂脂抹粉,打扮得怪里怪气的三仙姑的'形',而且写出了这个有些变态心理的'老来俏'的'神'。"⑤还有人说:"三仙姑的脸部肖像描写,就是作家赵树理选用精妙喻体的神来之笔。""这是个著名的比喻,妙在作者给三仙姑涂上官粉的脸配上了一个难得的喻体——'驴粪蛋上下上了霜'。"⑥但是,除了以上这些高度赞扬之外,还有加以全盘否定的。如有人说:"有谁见过布满皱纹的驴粪蛋呢?用光滑得连一条皱纹也没有的驴粪蛋做喻体去比喻三仙姑布满皱纹的脸,无论如何也不能说这种比喻是好的,贴切的,生动的。在文学作品中做这样不符合实际的描习,怎么能说对创作和欣赏有益呢?既然如此,为什么多年来竟会有那么多专搞修辞和文艺评论的人去赞扬它,而没有人提出异议呢?"⑦

大作家笔下的比喻,尚且会引起如此相反的两种评价,一般人的就更不用说了。连"著名的比喻"都会遭这样全盘否定之厄运的事实,更说明比喻的修辞效果是并不可靠的。

三、不易创造和保鲜

比喻在创造和使用上有两大特点:很难恰当和精彩,最易用滥和老化。因为难得恰当,所以表现事物总显得蹩脚;又因为容易老化,所以只能在富有生命力的时候发挥积极作用。

1. 很难恰当和精彩

老舍先生说:比喻"很难恰当",也"很难精彩"。在上述《长江大桥》的诗句中,作者不仅指出人们把长江大桥比作"洞箫""长虹"之不当以及自己把它比作"腰带"之不好,而且深感长江大桥"难于比拟",因此劝人们"不要枉费心机",这说明比喻的确"很难恰当"。其实,即使是很好的比喻,也难以完美无缺,尽如人意。列宁在《党的组织和出版物》中,曾把写作事业比作由全体工人阶级的整个觉悟的先锋队所开动的一部巨大社会民主主义机器上的"齿轮和螺丝钉"。这个比喻形象地、深入浅出地说明了写作事业必须成为党的有组织、有计划、统一的工作的一个组成部分的道理,够精彩了,但列宁却接着指出:"德国俗语说,'任何比喻都有缺陷。'我把写作事业比作螺丝钉,把生气勃勃的运动比作机器也是有缺陷的。"不管列宁说这句话的用意何在,其比喻到底有何缺陷,总之,他并不认为已尽善尽美,而且也确实道出了比喻的通病。由此可见,要创造十分恰当和精彩的比喻,实在不易。

比喻之难,是由设喻过程中的特殊矛盾所决定的。比喻是语言艺术的含蓄性和设喻意图的可知性的对立统一体。从含蓄性来讲,是要求通过喻体与本体既异质又相似的巧合所造成的新奇、幽默、委婉和朦胧等效果来增加理解的困难,以求含义深刻,耐人品味;从可知性来讲,则要求构成比喻时尽量突出喻体与本体的相似性,以减弱其因异质而造成的蹩脚感,使比喻经过联想和思考,能够领悟和理解,从而达到用比的目的。这种内在的矛盾,决定了创造比喻的困难:太强调可知性,则易使比喻平庸乏味,缺少诱人的魅力;而太强调含蓄性,又易造成比喻的晦涩难懂,令人费解,致使比喻的作用落空。所以,要创造出贴切恰当、新颖精彩的比喻,使"作者得于心,览者会于意",实在不易。这里,关键是要选好喻体。为此,首先需要有丰富的生活,如老舍先生所说:"时时刻刻的留心,对什么也感到趣味;然后到写作的时候,才能把不相干的东西联想到一处,而创出顶好的比喻。"⑧其次,还要加强思想和艺术的修养,这样,才能在用比时做到如叶圣陶先生所说的:"挑选恰当"。同时,还必须掌握好如上所述的含蓄性和可知性的辩证关系,以使之尽可能达到平衡、和谐、统一、完美。

2.最易用滥与老化

比喻的运用,贵在创新,最忌沿袭。老舍先生说:"好用比喻的人往往不能不抄袭前人的意思,以至本是有创造性的设喻逐渐变成了陈词滥调。'芙蓉为面柳为腰'本来不坏,后来被蝴蝶鸳鸯派诗人用滥了,便令人难过。"⑨郭绍虞先生也举例说:"如《左传》隐公六年引周任有言曰:'为国家者,见恶如农夫之务去草焉;芟夷蕴崇之,绝其本根,勿使能植,则善者信矣。'此譬本不失为创造,所以也颇有说明事理的力量,但是后人作文也往往沿袭,举以为譬,那就陈陈相因,只觉得滥熟可厌了。如《淮南子·说山训》云:'治国者,若耨田去害苗而已!';《后汉书·范滂传》云:'臣闻农夫去草,嘉谷必茂;忠臣除奸,王道以清。';《晋书·张轨传》云:'夫除恶人犹农夫之去草,令绝其本,勿使能滋。'从这些例言,琢句虽较整洁,命意却不见新颖,即因出于沿袭的缘故。"⑩

在语言艺术的欣赏上,人们普遍存在的这种追求新奇、厌恶陈词滥调的心理,对比喻有一种能动的淘汰作用:它能作为外因,打破比喻内部固有的含蓄性和可知性的平衡关系,促使它平庸乏味,发生老化。所以,一个好比喻问世之后,可迅速在人们中间流传开来,但经一用再用,便很快失去原有的瑰丽光彩和诱发丰富联想的魅力,使其修辞作用大为减弱。用花来形容女子之美的比喻,最初究竟是哪位天才的发明创造,恐不易查考,总之"本来不坏",只是以后的人们纷纷跟着抄袭、模仿,致使它越来越多,才不新鲜了。比如,仅以《文学比喻词典》而论,其中所收中国现当代文学里用来比喻女子之美的花就有许多种,据统计如"莲花、萎谢的花、带露的海棠、牡丹花、百合花、怒放的鲜花、白蔷薇花、木兰花、水仙花、出水芙蓉、腊梅、带露的梨花、撒仁花、野桐花等等"。⑪有了这么多的花来比喻女子之美,谁还会再有新鲜之感呢?除文学作品中的用例外,中国女性的名字里,也不乏这类以花自喻的比喻,什么张桃花、王荷花、杨梅花、李菊花,等等,早已很俗气了;而即使换个含蓄点的名字,叫作张艳红、王美芳、杨春蕾、李秋香,等等,仍与花有关,同样也是很俗气的。可见,比喻最忌人云亦云。正如19世纪英国诗人王尔德说的:"第一个用花比美人的是天才,第二个是庸才,第三个是蠢才。"中外语言大师们这些警策动人的话,不仅强调了比喻贵在创新的特点和道理,同时也说明:比喻一旦老化或用滥,就不能发挥其积极作用了。

四、不能普遍适用于各种语体

在各种修辞方式中,比喻的使用频率最高,应用范围也最广,但从对语体的适应能力看,它仍有较大的局限性。我们知道,汉语的语体一般分五类:口头语体,文艺语体,政论语体,科技语体和公文语体。比喻对各类语体的适应能力很不一致,在文艺语体中适应力最强,而在专门性强的科技语体里,适应力则最差,这就限制了它发挥作用的范围。原因很清楚,比喻以联想为基础,带有浓厚的主观色彩,存在着片面性和不确切性等缺陷,所以较适合于强调主观感受、侧重形象描写或表现某种朦胧美的文艺语体,而不适合于要求准确、清晰,必须对事物作客观和静态叙述的科技语体。试举例比较如下:

(10)那双眼睛,如秋水,如寒星,如宝珠,如白水银里养着两丸黑水银……

(刘鹗《老残游记》)

(11)成人正视眼的眼球近似球形,前后径平均为24毫米,垂直径为23毫米,水平径为23.5毫米。眼球位于眼眶的前部,借眶筋膜与眶壁联系,周围有眶脂肪垫衬,以减少眼球的震动。眼球前面有眼睑保护。正常眼球向前平视时,突出于外眶缘12—14毫米,由于眶外缘较上、下、内眶缘稍偏后,使眼球外侧部分暴露在眼眶之外,故易遭受外伤。

(人民卫生出版社《眼科学》)

这两个例子都是写人的眼睛的。例（10）是文艺语体，在只有短短二十几个字的句子里，竟一连用了四个比喻。"如秋水，如寒星，如宝珠，如白水银里养着两丸黑水银"，都是作者特有的主观感觉和联想。用了这些比喻，就能生动、形象地描写出人物眼睛的美丽与动人；若是客观地直写，便不能深深地感染读者。例（11）则是科技语体，只着重于客观、直接地叙述眼球的大小、位置和构造，提供一些确凿的数据，显得十分精确、清晰，可信度高。不难设想，倘在例（11）中添上例（10）的几个比喻，那语言必将不伦不类，效果也将大为逊色。总之，比喻进入文艺语体，则如鱼得水，适应能力极强；而在专门性较强的科技语体里，其适应力就要受到较大的限制。

五、认识比喻之局限性的意义

王希杰同志说得好："换一个角度看，作为人类最重要的交际工具、思维工具的语言是十分不完善的、跛脚的、丑陋的、甚至可笑的。"⑫比喻的上述种种局限性，也正好从一定角度证明了这个道理。但是，尽管比喻并不十分理想，却毕竟是一种富有表现力的修辞手段，我们不能求全责备。本书虽从消极方面指出了这种积极修辞方式的一些问题，目的仅在于希望广大说写者与听读者谨慎使用，密切合作，以使这种语言艺术发挥出更积极的作用。具体地讲，是想说明以下几点意思：

1. 要端正对比喻的态度

我们既不能忽视比喻的作用，也不能过分地夸大它；语言的确离不开比喻，但也决不可随便乱用。老舍先生说得好："散文能直写便直写，不必用比喻。比喻是不得已的办法。"⑬

2. 要增强创造比喻的能力

从说写者来讲，既要具备丰富的生活知识，还应加强思想和语言艺术的修养，认真学习古今中外语言大师们的绚丽多彩、生动感人的比喻，学习人民群众中闪耀着智慧之光的比喻，推陈出新，创造出更多更好的比喻，以增强民族语言的表现力。

3. 要提高对比喻的欣赏水平

比喻的最佳修辞效果，要靠说写者与听读者协调一致的配合才能产生。再好的比喻，如果听读者欣赏不了，也是发挥不出作用的。所以，仅有伯牙不行，还得有钟子期，要培养比喻的"知音"。为此，就应提高人民的文化水平，以增强其通过联想来深刻地理解比喻、认识事物的能力。

（本文发表于《驻马店师专学报》1991年第4期）

【注释】

①列宁：《政治家的批评》。《列宁选集》第四卷（下）第696页，人民出版社1972年版。

②列宁：《再论工会、目前局势及托洛茨基和布哈林的错误》。《列宁选集》第四卷（下）第453页，人民出版社1972年版。

③张仁：《比喻臆说》。《修辞丛谈》，河北人民出版社1986年版。

④《毛主席对自己诗词所作的批注》。见文革期间天津师范学院现代文学教研室编《毛主席诗词》。

⑤时巨涛：《朴与灵》。《修辞学习》1984年第1期。

⑥书乔：《寻找喻体的艺术》。《修辞学习》1990年第1期。

⑦甘玉龙：《从"好像驴粪蛋上下了霜"看比喻的形似和神似》。《修辞学习》1987年第1期。

⑧老舍：《老牛破车·景物的描写》，1948年晨光初版。

⑨老舍：《出口成章》，复旦大学出版社1963年版。

⑩田荔枝：《汉语比喻辞格中的自然美意识》。《修辞学习》1990年第1期。

⑪胡永林：《文学比喻词典》，陕西人民出版社1986年出版。

⑫王希杰：《修辞和漏洞》。《修辞学习》1991年第1期。

⑬老舍：《老牛破车·言语与风格》，1948年晨光初版。

■ 文学篇

古代诗词小序研究

中国古代的文人诗词,每喜自作小序。小序以散文形式独立于诗词之外,由于其内容多写创作缘起,对读者有必要的启示、导读作用,且与诗词互为补充、相辅相成,共同构成一篇完整的艺术品,所以是诗词不可分割的组成部分。小序题材广泛,思想内蕴深刻、丰富,有独具的艺术特色,是宝贵的民族文化遗产。遗憾的是,历代的诗话、词话或文艺评论,却往往只着眼于诗词本身,很少重视对小序的研究,因而未能展示其璀璨夺目的光彩并揭示其存在的价值。为弘扬中华民族优秀的传统文化,建设社会主义精神文明,本书试从以下两方面,对古代诗词小序作一粗浅的探讨。

古代诗词小序的思想内蕴

《尚书·虞书·舜典》曰:"诗言志。"陆机《文赋》曰:"诗缘情。"诗词小序则更能直接地"言志"、"缘情"。这"志"与"情",要言之,就是我们的民族精神。中华民族是一个伟大的民族,其优秀的民族精神,在历代的诗词及其小序中都有着充分表现。凡是能站在中华民族的立场去观察社会、反映生活的作者,不管他写谁、写什么以及怎样写,都能在其诗词或小序中,表现出我们的民族精神。在改革开放的今天,认真总结古代诗词小序的思想内涵,吸收其民主性的精华,剔除其封建性的糟粕,是弘扬民族文化,构建社会主义精神文明的时代需要。

古代诗词小序中所反映出的中华民族精神,主要有以下几个方面:

一、民族精神的核心——爱国主义

列宁说："爱国主义就是千百年来固定下来的对自己祖国的一种最深厚的感情。"①诗词小序的内容,凡属关心祖国的统一与完整,反对外来侵略和压迫,反对内部的分裂与投降,赞扬保卫边疆、杀敌立功的将士,抒写报国的豪情壮志等等的,都表现了这种深厚的爱国主义感情。如,文天祥的《正气歌》,是一首历代传诵的爱国主义名篇,其序曰:

"余囚北庭,坐一土室。室广八尺,深可四寻,单扉低小,白间短窄,污下而幽暗。当此夏日,诸气萃然:雨潦四集,浮动床几,时则为水气;涂泥半朝,蒸沤历澜,时则为土气;乍晴暴热,风道四塞,时则为日气;檐阴薪爨,助长炎虐,时则为火气;仓腐寄顿,陈陈逼人,时则为米气;骈肩杂遝,腥臊污垢,时则为人气;或圊溷,或毁尸,或腐鼠,恶气杂出,时则为秽气。叠是数气,当侵沴,鲜不为厉,而余以孱弱俯仰其间,于兹二年矣,无恙。是殆有养致然,然而亦安知所养何哉?孟子曰:'我善养吾浩然之气。'彼气有七,吾气有一,以一敌七,吾何患焉!况浩然者,乃天地之正气也。作《正气歌》一首。"

文天祥这种充塞天地、一以敌七的浩然正气,集中表现了中华民族反抗侵略的爱国主义精神。

矢志报国的陆游,56岁时尚在一篇诗序(亦题)中写道:

"五月十一日夜且半,梦从大驾亲征,尽复汉唐故地,见城邑人物繁丽,云西凉府也。喜甚,马上作长句,未终篇而觉,乃足成之。"现实中不能实现其收复失地的理想,就到梦境中去追求,这充分表现出一种不忘"恢复神州"的爱国主义心愿。

辛弃疾也念念不忘恢复中原,苦于无用武之地,其《八声甘州》词序曰:"夜读《李广传》,不能寐,因念晁楚老、杨民瞻约同居山间,戏用李广事,赋以寄之。"李广是西汉抗击匈奴的名将,一生转战疆场,屡建战功,但却坎坷不得志,最后含恨自杀。作者同情李广的遭遇,怀着景仰的心情,夜读其传记。序曰"戏"赋,其实是在委婉地表达他壮志未酬的爱国主义情怀。

以上所述作品之所以不朽,就在于它们表达了中国人民的思想感情,发出了中国人民的呼声;换句话说,就在于其爱国主义精神,有着广泛而深刻的社会意义。

二、民族精神的根本——关心人民疾苦

民为邦本,一个真正的爱国者,决不会对人民的疾苦漠然视之。古代的诗词作者,常通过小序如实地反映劳动人民的艰难与不幸,直言不讳地揭露并抨击给人民造成苦难的统治者,充分表现了对人民疾苦的关心。元结的《舂陵行》诗序写道:"癸卯岁,漫叟授道州刺史。道州旧四万余户,经贼已来,不满四千,大半不胜赋税。到官未五十日,承诸使征求符牒二百余封,皆曰:'失其限者,罪至贬削。'於戏,若悉应其命,则州县破乱,刺使欲焉逃罪;若不应命,又即获罪戾,必不免也。吾将守官,静以安人,待罪而已。此州是舂陵故地,故作《舂陵行》以达下情。"(所谓"贼",系指当时被称为"西原蛮"的一种反唐王朝的少数民族起义武装,这是封建士大夫对少数民族的污蔑。下同)小序真实地记录了人民"不胜赋税"之苦,表达了作者对人民深切的同情。

再看元结另一首《贼退示官史》诗的小序:"癸卯岁,西原贼入道州,焚烧杀掠,几尽而去。明年,贼又攻永破邵,不犯此州边鄙而退。岂力能制敌欤?盖蒙其伤怜而已。诸使何为忍苦征敛?故作诗一篇以示官吏。"该序不仅表现了对人民不堪征敛之苦的关心,更对征敛害民的官吏表示了强烈的憎恨;序里"蒙其伤怜"一语,与诗中"使臣将王命,岂不如贼焉"的句子相呼应,对贪官污吏发出切齿的痛骂。

忧国忧民的诗人杜甫,在《同元使君舂陵行》一诗里,对元结以上两首为民请命的诗曾给予极高的评价,认为可与星月争光;其小序中更称之为"比兴体制,微婉顿挫之词",赞誉它们继承了《诗经》指论时事、比兴美刺的传统,因而自己也"感而有诗增诸卷轴",可见其社会影响之深。

三、民族精神的特色——讲友爱、重情义

古代的诗人,常能与志同道合者共勉互慰。他们十分重视诗友间的情谊,彼此迎聚送别、饮酒赋诗、酬答唱和,一往情深。这与劳动人民中团结和睦、顾全大局、助人为乐、患难与共的良好的人际关系,有相通之处:二者有爱国主义这个统一的思想基础,因而具有共同的向心性,都表现了中华民族炎黄子孙间的一种凝聚力,这是中华民族精神的一大特色。如辛弃疾在其《贺新郎》词中,描绘了他与战友陈亮聚会时纵论抗战大事的情景,抒发了

对祖国山河破碎的感慨和叹息抗战力量薄弱的悲凉心情,同时也表现了对战友的无限依恋和思念。其词序曰:"陈同父自东阳来过余,留十日,与之同游鹅湖,且会朱晦庵于紫溪,不至,飘然东归。既别之明日,余意中殊恋恋,复欲追路,至鹭鸶林,则雪深泥滑,不得前矣。独饮方村,怅然久之,颇恨挽留之不遂也。夜半投宿吴氏泉湖四望楼,闻邻笛悲甚,为赋《贺新郎》以见意。又五日,同父书来索词,心所同然者如此,可发千里一笑。"战友来访,挽留十日,相别后又冒雪追之,如此友谊,何等深厚!

张炎在宋亡后所写的《甘州》,是一首表现友朋聚散与家国兴衰之感慨的词,其序曰:"辛卯岁,沈尧道同余北归,各处杭、越。逾岁,尧道来问寂寞,语笑数日,又复别去。赋此曲,并寄赵学舟。"作者与沈尧道等人北游元都写经,返回后便彼此分手,"各处杭、越",后尧道自杭来越探望张炎,二人别后重逢,备感亲密,"语笑数日",而复分别。这里,别友之情和亡国之恸交织在一起,此种亲密的友谊,同样是炎黄子孙间凝聚力的表现。

四、民族精神的抗体——抵抗腐败的正义感

从屈原开始,历代诗人中,多有揭露官府腐败和统治者丑行、表达自己深恶痛绝感情的诗作,这都表现了一种民族正义感。它说明,中华民族有自觉抵制社会不良风气的传统美德,有对抗历史毒菌滋生蔓延的免疫能力,这是我们的民族能健康发展并自立于世界民族之林的一种保证,是中华民族精神无限生命力的表现。如刘禹锡《插田歌》一诗,写某地方政府派到中央政府办公事的一个书吏,自夸"昨来补卫士,唯用筒竹布。君看二三年,我做官人去。"说明该书吏已用布做代价贿赂得来禁军中一个"卫士"的位置,并打算不久还要买个"官"做。该诗小序写道:"连州城下,俯接村墟。偶登郡楼,适有所感。遂书其事为俚歌,以俟采诗者。"与诗相对照,便知其序的意思是说,诗人面对中央政府中存在的贿买职官丑行,特仿作民谣,以待朝廷采诗者搜集。我们可从中看出作者反腐败、刺朝政的写作意图和直言不讳的斗争精神。

封建社会的地方官吏,借向皇帝"进奉"之名,拼命搜刮人民,大发横财,简直是吮吸民脂民膏的野兽。白居易在其《新乐府》里的一首寓言诗《黑龙潭》中,以曲折影射的笔法,对这类贪污成性的官吏进行了无情的揭露和鞭挞,把他们比作吞食人民献给龙神之祭品的"林鼠山狐"。该诗虽为

寓言,但其小序明确地提示读者,作品的主旨是:"疾贪吏也。"短短一句话,表现了白居易对贪官污吏的无比憎恨,也写出了他的诗格和人格。

以上这些敢于对社会腐败现象直接加以揭露和抨击的诗序,鲜明地表现了一种富有正义感的民族精神。

当然,封建文人毕竟受着时代和阶级的局限,其诗词小序中也反映出一些消极颓废思想。如,理想不能实现时的忧愁烦闷,怀才不遇时的骚怨落寞,穷苦潦倒时的叹老嗟卑及借酒消愁、及时行乐等等。尽管对有些诗人来说,并非主导方面,但也不容忽视。如白居易,在遇到打击后,悲观失望,意志消沉,追求闲适。尤其到晚年,更纵情于游赏风光和诗酒逍遥。其《三月三日祓禊洛滨》诗,描写一次修禊闹春的游乐盛会,小序中说:"开成二年三月三日,……合宴于舟中。由斗亭历魏堤,抵津桥,登临溯沿,自晨及暮,簪组交映,歌笑间发,前水嬉而后妓乐,左笔砚而右壶觞,望之若仙,观者如堵。尽风光之赏,极游泛之娱;美景良辰,赏心乐事,尽得于今日矣。"字里行间流露出一种酣乐不暇、逍遥有余的生活情趣。通观其诗,的确是"苦词无一句,忧叹无一声"。此时的作者,与当年"惟歌生民病,愿得天子知"的白居易相比,真是判若两人了。

古代诗词小序的艺术特色

一、启示性

作者自写小序的目的,主要是为了导读,所以往往要通过交代写作之缘起,给读者提供一个欣赏的基础或线索,使对作品先有所了解,或是对有关问题能予以注意。这种启示性,是诗词小序艺术上的一个突出特点。启示的方式,主要有以下几种:

(1)介绍作品的时代背景

关心国家前途和民族命运的作者,其作品往往跟时代特点、政治动向或其他重大社会问题有关,小序常从这些方面做必要的交代,以便于读者把握作品的思想内容。如南宋词人刘学箕,目睹南北分裂、当权者无策,有人甚至主张投降金人的现实,写下《贺新郎》一词,抒发激愤之情,寄托悲壮之志。

序中说："近闻北虏衰乱,诸公未有劝上修饬内治以待外攘者。书生感愤不能已,用辛稼轩《金缕词》韵述怀。……"短短两句话,交代了作品的时代背景,给读者提供了重要的阅读参考。

宋恭帝德祐元年二月,权相贾似道奉命都督诸州军马,抗击元军。因昏聩无能,致使鲁港之役未战而败。刘辰翁为此写下《六州歌头》一词,以激愤的感情和诙谐的语言,深刻揭露并讽刺了贾似道的误国罪恶。该词序曰:"乙亥二年,贾平章似道督师至太平州鲁港,未见敌,鸣锣而溃。后半月闻报,赋此。"小序简要地记载了我们民族历史上的这一大事,点明了写作该词的重要背景,从而给读者提供了欣赏作品的思想基础。

(2)提示作者的写作意向

古代诗词的内容多表现作者的生活和思想,所以小序常交代作者的有关情况,诸如政治活动、社会交往、出游饮酒、心境感受、立场观点、情趣爱好及其他有关的人和事等等,以使读者对作者的创作意图先有所了解。如,曹植《赠白马王彪》一诗,写与白马王曹彪在返国途中被迫分手的悲愤心情,反映了曹氏统治者内部的矛盾,其序曰:"黄初四年五月,白马王、任城王与余俱朝京师,会节气。到洛阳,任城王薨。至七月与白马王还国。后有司以二王归藩,道路宜异宿止。意毒恨之。盖以大别在数日,是用自剖,与王辞焉。愤而成篇。"此序交代了作者写作时悲愤而沉痛的心情,对读者弄清作者思想、理解诗的内容很有帮助。

刘辰翁在其《永遇乐》词序中写道:"余自乙亥上元诵李易安《永遇乐》,为之涕下。今三年矣,每闻此词,辄不自堪。遂依其声,又托之易安自喻。虽辞情不及,而悲苦过之。"李易安的《永遇乐》写于南渡以后,借怀念京洛旧事,抒写故国之思。刘辰翁也有怀念故国之情,所以读后才受到强烈感染,三年前即"为之涕下",三年后仍"辄不自堪",且产生共鸣竟"托之易安自喻"。如此深刻的感受,对认识作者的写作意图无疑会有很大启发作用。

有些作者则在小序中直接表明自己的意向,这就给读者以更大的方便。如,陈人杰《沁园春》词序:"南金又赋无愁。予曰:丈夫涉世,心非木石,安得无愁时?顾所愁何如尔。杜子美平生困踬不偶,而叹老嗟卑之言少,爱国忧君之意多,可谓知所愁矣。若于着衣吃饭,一一未能忘情,此为不知命者。故用韵以反骚。"该序以论辩性语言说明本篇意在反林南金"无愁"之咏,表明人生有愁的立场观点,点明了词的主旨。

（3）突出作品内容和形式上的特色

富有特色的内容和形式，容易使读者产生兴趣。白居易《琵琶行》诗序，简介了诗中要写的一位琵琶女的不幸遭遇，表达了作者的同情和感慨，突出了该诗内容上的传奇色彩。序曰："……送客湓浦口，闻舟中夜弹琵琶者，听其音，铮铮然有京都声。问其人，本长安倡女。学琵琶于穆、曹二善才，年长色衰，委身为贾人妇。遂命酒，使快弹数曲，曲罢悯然。自叙少小时欢乐事，今漂沦憔悴，转徙于江湖间。予出官二年，恬然自安，感斯人言，是夕始觉有迁谪意。因为长句，歌以赠之，凡六百一十二言，命曰《琵琶行》。"诗序所述琵琶女的故事生动感人，所以能引起读者浓厚的阅读兴趣。

李贺《金铜仙人辞汉歌》的小序，则简介了该诗所写的一个历史故事："魏明帝青龙九年八月，诏宫官牵车，西取汉孝武捧露盘仙人，欲立置前殿。宫官既拆盘，仙人临载，乃潸然泪下。唐诸王孙李长吉遂作《金铜仙人辞汉歌》。"该序说明，诗的内容是写汉武帝时所造神明台上金铜仙人的不幸遭遇，暗示作者将借此抒发兴亡之感。因此一题材比较新颖，所以也能引起读者浓厚的阅读兴趣。

除交代诗词有特色的内容之外，有些小序还指出作品形式方面的某些特点，以吸引读者。如，姜夔的《满江红》词序，就该词的用韵问题讲了一个颇有神话色彩的故事。他写道："《满江红》旧调用仄韵，多不协律；如末句云'无心扑'三字，歌者将'心'字融入去声，方协音律。予欲以平韵为之，久不能成。因泛巢湖，闻远岸箫鼓声，问之舟师，云：'居人为此湖神姥寿也。'予因祝曰：'得一席风径至居巢，当以平韵《满江红》为迎送神曲。'言讫，风与笔俱驶，顷刻而成。末句云'闻佩环'，则协律矣。书以绿笺，沉于白浪，辛亥正月晦也。……"此序提出一个与该词形式有关的音律问题，说明作者一反常规试用平声韵终得成功的经过，饶有趣味，颇能吸引读者。

周密的《曲游春》则别出心裁，其序曰："禁烟湖上薄游，施中山赋词甚佳，余因次其韵。盖平时游舫，至午后则尽入里湖，抵暮始出断桥，小驻而归，非习于游者不知也。故中山极击节余'闲却半湖春色'之句，谓能道人之所未云。"这是在借别人对自己得意词句的赞赏，来巧妙地引起读者的阅读兴趣。

（4）用具有特殊含义的词语启发读者思考

诗词小序还可使用某些另有含义的词语来引导读者深思。例如有的小序,用反语或娱戏性语词先给读者以错觉,以启发他们从序与诗词内容的矛盾或反差中,发现问题,深加思考。刘克庄《满江红》词序(亦题)即是一例:"夜雨凉甚,忽动从戎之兴。"此序不能照字面理解。刘克庄早已被废弃,连涉及时事的作诗权利也被剥夺,既如此,自无请缨之路,何以会"忽动从戎之兴"? 通读全词,便可知此乃反语;它表现了作者虽欲再度从军,却深知力不能及的一种无可奈何的心情。这样,经过对序与词的参照比较和反复思考,读者便加深了对作品的理解。

再如,辛弃疾《鹧鸪天》词序(亦题):"有客慨然谈功名,因追念少年时事,戏作。"此处"戏作"二字,乃娱戏性词语;言之曰"戏",其实词中并无"戏"意,只有英雄志士失意的悲愤。可见,正话反说,或虚用戏语,言在此而意在彼,都能启发读者深思,委婉达意。

二、可读性

古代许多诗词作者,都擅长写序。他们或画龙点睛,或细述原委,或纵横议论,或直抒胸臆;无论是刻意求工,还是随心挥洒,都写得十分精彩。像文天祥的《正气歌》序,无论从思想性还是从艺术性看,都是不朽的杰作;白居易的《琵琶行》诗序,也是与诗同样富有传奇色彩的名篇。还有些小序,写得清幽俊丽,脍炙人口,可作为优美的散文来选读。如姜夔的《庆宫春》词序:

绍熙辛亥除夕,余别石湖归吴兴,雪后夜过垂虹,尝赋诗云:"笠泽茫茫雁影微,玉峰重叠护云衣;长桥寂寞春寒夜,只有诗人一舸归。"后五年冬,复与俞商卿、张平甫、钴朴翁自封禺同载诣梁溪,道经吴松,山寒天迥,云浪四合,中夕相呼步垂虹,星斗下垂,错杂渔火,朔风凛凛,厄酒不能支。朴翁以衾自缠,犹相与行吟,因赋此阕,盖过旬涂稿乃定;朴翁咎余无益,然意所耽,不能自已也。平甫、商卿、朴翁皆工于诗,所出奇诡,余亦强追逐之;此行既归,各得五十余解。

该序意象清超,文字精工,受到诗人们较高的评价,曾被周密收入《澄怀录》中。而周密也是写序能手,其序耐人品味,十分优美,兹举其《乳燕飞》词序为例:

辛未首夏,以书舫载客游苏湾。徙倚危亭,极登览之趣。所谓浮玉山、碧浪湖者,皆横陈于前,特吾几席中一物耳。遥望具区,渺如烟云,洞庭、缥缈诸峰，矗矗献状，盖王右丞、李将军著色画也。松风怒号，暝色四起，使人浩然忘归。慨然怀古，高歌举白，不知身世为何如也。溪山不老，临赏无穷，后之视今，当有契余言者。因大书山楹，以纪来游。

近代学者吴梅，在其《词学通论》中，曾把周密与姜夔并称，说他们的词序有如郦道元的《水经注》和柳宗元的山水游记。如以上两篇词序，都具有较强的可读性，可看作小型游记散文。

三、纪实性

从创作方法看，序和诗词不同：诗词是通过意象的创造，虚实结合，构成意境，艺术地反映生活，重在写意；而序则一般是直录其事，实话直说，重在纪实。小序的内容，大凡作者之所见、所闻、所做和所感，往往真实可靠；不管是客观事实的记述，还是自我情感的抒发，抑或是肺腑之言的剖白，都忠实于实际情况，因而都是珍贵的历史资料。正因为小序能从有关的时间、地点、人物、事件等方面，提供言之有据的翔实资料，所以大多富有学术价值，可作为研究作家、作品或历史的重要参考。

四、概括性

诗词是精炼的语言艺术，一般篇幅短小，其小序也大都能与之保持一致，具有高度的概括性。往往是，一句话即能概括诗词主旨，三言两语便可交代清楚写作之缘由。如，白居易《新乐府》五十篇，各有小序，《卖炭翁》的"苦宫市也"，《杜陵叟》的"伤农夫之困也"，《红线毯》的"忧蚕桑之费也"，《缭绫》的"念女工之劳也"，等等，都是一句话点明全诗主旨，表明作者的立场、态度，极其精炼概括。

当然，序与诗词的关系必须处理好。序在内容上，应与诗词前后呼应、互为补充；在形式上，应以参差错落的散文美与诗词音韵和谐的声律美形成对照，使彼此相映生辉，共同构成一篇完整的艺术品。反之，如果序与诗词内容有所雷同或相重复，则为大忌。清人周济曾对姜夔提出过这样的批评："白石小序甚可观，苦与词复；若序其缘起，不犯词境，斯为两美已。"②此确为中肯之论。

总之，如果说中国古代的诗词是中国诗歌的民族形式，那么其小序，也是中国古代诗歌创作的民族形式。小序有深刻而丰富的思想内涵和精美的艺术形式,是宝贵的民族文化遗产。我们应对这份遗产加以批判地继承,以使古为今用,推陈出新,为振兴中华服务。

(本文发表于驻马店师专《天中学刊》1995 年第 4 期,中国人民大学书报资料中心《中国古代、近代文学研究》1996 年第 5 期全文转载)

【注释】

①中央编译局:《皮梯利姆·索罗金的宝贵自供》,《列宁选集》第三卷,人民出版社 1995 年版。

②[清]周济:《宋四家词选序论》。

古代诗苑的奇葩——童趣诗

——《中国古代童趣诗注评》前言

一、古代诗苑中的奇葩

我国是一个诗的国度，诗歌的发展源远流长。诗歌是哺育中华民族的精神食粮，是陶冶我们民族性格、培养我们民族自豪感和自信心的瑰宝。我国古代的诗歌，浩如烟海，光辉灿烂，其数量之大，内容之丰富，题材之广泛，风格流派之众多，都是举世罕见的。而在这百花齐放、万紫千红的诗苑中，除了爱情诗、山水诗等一向引人注目的名贵花卉之外，还有一类鲜为人重视的小花——童趣诗，同样以其特有的芳香和鲜艳的色彩点缀着祖国诗歌的百花园，它是古代诗苑中的一朵奇葩。

什么是童趣诗？表现出儿童情趣的诗，叫童趣诗。具体地说，大凡作者着眼于儿童的形象、动作、情态、语言和心理，从而通过对他们贪玩、调皮、淘气、滑稽等孩子特点的描绘，表现其天真活泼、单纯幼稚、坦率真诚的天性和既可爱又可笑的风趣的诗，就是童趣诗。例如李白的《长干行》（节录）：

妾发初覆额，折花门前剧。

郎骑竹马来，绕床弄青梅。

同居长干里，两小无嫌猜。

诗从一个长干女子的回忆里，表现出她与丈夫在童年时代，生活在一个比较自由开放的环境里，彼此"青梅竹马""两小无猜"的情景。这种纯真无邪、真诚友爱的关系，充分表现了孩子们美好的心灵和童真的天趣。再看杜甫的《泛溪》（节录）：

> 练练峰上雪，纤纤云表霓。
>
> 童戏左右岸，罟弋毕提携。
>
> 翻倒荷芰乱，指挥径路迷。
>
> 得鱼已割鳞，采藕不洗泥。
>
> 人情逐鲜美，物贱事已睽。

这群孩子在沿溪两岸嬉戏，又把溪里的荷和菱翻搅个乱七八糟；他们互相指挥命令，喊叫得连进出溪的路线都忘了；且捉到鱼时即刮鳞，采出藕来不洗泥。玩得多么痛快！再看刘禹锡的《同乐天微之深春二十首》（其二）：

> 何处深春好，春深稚子家。
>
> 争骑一竿竹，偷折四邻花。
>
> 笑击羊皮鼓，行牵犊领车。
>
> 中庭贪夜戏，不觉玉绳斜。

这群孩子玩得也同样开心、尽兴。他们欢笑着敲击羊皮鼓，拉着牛犊的下巴走；玩到晚上，又"中庭贪夜戏"，直至星月西斜，真是兴高采烈，毫无倦意。虽说"偷折四邻花"有些恶作剧，但那毕竟是儿童的一种轻狂劲儿，决非恶意的破坏。

这就是童趣诗，就是充溢着儿童天真、活泼之情趣的童趣诗。不难发现，童趣是一种美，它美在儿童的形象、行为、语言和心灵。读童趣诗，可从儿童的天真幼稚里感受到快乐，获得美学享受。

儿童是人类的花朵，是未来；"惟其幼小，所以希望就正在这一面。"① 为了社会的发展和国家的进步，应该有表现儿童并适合儿童阅读的文学作品。因此，童趣诗在我国古代诗歌中应该有其一定的地位。诚然，古代的童趣诗毕竟没有爱情诗、山水诗那样发达，而且也没有形成一个有影响的流派；几千年来，它一直难登大雅之堂，既没有系统的理论指导，又没有一个专门从事这种创作的作家。它只是凭着诗人们对儿童天然的爱，才得以自然地发展。这实在是一件令人遗憾的事。但尽管如此，童趣诗毕竟是我国古代诗歌的一个组成部分，而且从先秦到清代，除了未经文字记载，只在人们口头流传的儿童歌谣之类的东西外，单就文人创作而言，为数就相当可观。历代的著名诗人，都怀着浓厚的兴趣，写过不少童趣诗；无论从思想性还是从艺术性看，童趣诗比之其他种类的诗，都毫不逊色。所以，任何轻视儿童、轻视童趣诗的观点,都是不正确的,应该给予童趣诗以应有的地位。

二、童趣诗的内容

童趣诗既是反映儿童情趣的诗,那么从内容看,当然是指那些以儿童生活为题材的诗歌,即描绘出儿童活动的环境和氛围,把儿童作为主要表现对象,真实地再现他们的戏乐、采摘、放牧、恋亲、礼客、学稼等活动,多角度地刻画其天真的形象、率直的语言和幼稚的心理的诗。此外,还有一些诗,虽不单是以儿童生活为题材,未把儿童作为主要表现对象,但却不仅摄入了儿童生活的镜头,而且确实表现出了儿童盎然的天趣,因而客观上也能使读者感受到童趣所引发的愉悦,获得童稚美的艺术享受;这些诗,我们认为,也可以看作是一种童趣诗。

若按题材范围分,童趣诗所反映的儿童生活有以下几个方面:

第一类是反映儿童戏乐活动的。爱玩,是儿童的天性,儿童们在各种戏乐活动中,长身体,长智慧。从成人看来,也许会认为他们太贪玩,显得懒惰或不懂事,但岂不知这正是儿童之所以为儿童之处。且看清人高鼎的《村居》:

> 草长莺飞二月天,拂堤杨柳醉春烟。
>
> 儿童散学归来早,忙趁东风放纸鸢。

放学归来早,不到吃饭时候,本可趁机复习功课,或帮助父母干点别的什么,但儿童们到家后的第一件事却是"忙趁东风放纸鸢"。一个"忙"字,充分表现出他们为放风筝而争先恐后、迫不及待的匆忙动作和急切心情。这种"积极性"正是儿童独有的特点,多么有趣!再如唐代胡令能的《小儿垂钓》:

> 蓬头稚子学垂纶,侧坐莓苔草映身。
>
> 路人借问遥招手,怕得鱼惊不应人。

这个蓬头小孩在学钓鱼,侧坐青苔上,隐身绿草中,路人问话,也怕鱼惊而摇手不答;专心致志,一本正经,完全进入了角色,实在天真可爱。女孩子也同样爱玩,且看王建的《秋千词》:

> 长长丝蝇紫复碧,袅袅横枝高百尺。
>
> 少年儿女重秋千,盘巾结带分两边。
>
> 身轻裙薄易生力,双手向空如鸟翼。

下来立定重系衣，复畏斜风高不得。

傍人送上那足贵，终赌鸣珰斗自起。

回回若与高树齐，头上宝钗从堕地。

眼前争胜难为休，足踏平地看始愁。

这里所描写的一个小女孩，荡起秋千来多么轻松自在！她争强好胜，不愿示弱，也不要别人帮忙。这种在嬉戏中所表现出的强烈的自尊心和争胜心，也是童趣的一个方面。

第二类是反映儿童采摘活动的。采莲、采菱和摘果，既是劳动，又可游戏；既有收获之乐，又有品鲜之趣。如宋孙光宪的《采莲》：

菡萏香连十顷陂，小姑贪戏采莲迟。

晚来弄水船头湿，更脱红裙裹鸭儿。

这个小女孩荡舟香荷池中，因贪戏而忘采莲；天晚了还在船头弄水，把衣服都溅湿了，她非但不嫌凉，反而又脱下红裙裹起了小鸭。贪玩，好奇，爱护小动物，憨态可掬。男孩子当然要"野"得多，请看杜甫《百忧集行》中的几句：

忆年十五心尚孩，健如黄犊走复来。

庭前八月梨枣熟，一日上树能千回。

这是诗人杜甫十五岁时的写真。当秋季梨枣熟时，他口馋难耐，为品尝鲜果，一天上树无数次。"走复来"的健壮动作，加上上树摘尝梨枣的猴味，正是孩子的特点，正是童趣之所在。

第三类是反映儿童放牧活动的。放牧是一种轻微的农活儿，适合于儿童去完成。孩子们与牛为伴，没人管教，无忧无虑，悠然自得，或吹笛，或唱歌，或游戏，或睡觉，其乐无穷。请看唐代张籍的《牧童词》：

远牧牛，绕村四面禾黍稠。

陂中饥鸟啄牛背，令我不得戏垄头。

入陂草多牛散行，白犊时向芦中鸣。

隔堤吹叶应同伴，还鼓长鞭三四声。

牛牛食草莫相触，官家截尔头上角。

牧童边牧牛，边玩耍；既关心爱护牛，又尽情地戏乐；时而吹起叶哨，时而甩响长鞭，用牧童特有的"语言"不断地向对岸同伴打招呼、传信息，以保持联系；天真活泼，富有村野情趣。再如清人袁枚的《所见》：

牧童骑黄牛，歌声振林樾。

意欲捕鸣蝉，忽然闭口立。

这位牧童正骑着牛、唱着歌，逍遥自在地穿行于山林，忽然发现一只鸣叫的知了，顿生捕捉之念，立即闭口不响，静立于树旁。诗人把牧童这一瞬间的神态和动作变化，栩栩如生地刻画了出来，使得牧儿的形象逼真传神，妙趣横生。

此外，还有不少童趣诗是反映儿童恋亲、礼客、学稼等活动的。其中恋亲是指小儿女思念父母、渴望骨肉团聚的一些表现，也指孩子在家里父母等大人面前的表演、化妆或幼儿依偎父母、爷奶等活动。如宋代姜夔《除夜自石湖归苕溪》（其四）：

千门列炬散林鸦，儿女相思未到家。

应是不眠非守岁，小窗春意入灯花。

这是写除夕之夜，小儿女盼望父亲赶快回到家中，非因"守岁"而竟至于"不眠"，一看见灯芯结花，便认为是爸爸归来的吉兆，顿觉一片春意融进灯花，因而高兴异常。这样描写思念亲人之深情，极合儿童心理，读来十分有趣，十分动人。再如李商隐的《骄儿诗》（节录）：

归来学客面，闹败秉爷笏。

或谑张飞胡，或笑邓艾吃。

豪鹰毛崱屴，猛马气佶傈。

截得青筼筜，骑走恣唐突。

忽复学参军，按声唤苍鹘。

又复纱灯旁，稽首礼夜佛。

诗人的骄儿衮师捧着父亲的笏板摹仿客人进门，摹仿大胡子张飞的形象和邓艾口吃的神情，摹仿豪鹰和骏马飞腾的气势，摹仿参军戏里参军和苍鹘的表演，摹仿大人在纱灯前拜佛。一系列的摹仿，表现了他的聪慧、灵巧、兴趣广泛和精力旺盛，有时虽不免带点滑稽、夸张甚至恶作剧成分，但这一切都是儿童天真活泼的自然情趣，无可指责。而且这样的活动，儿童玩得尽兴，大人看了也开心。

礼客活动是指儿童与来客或路人的礼貌性接触，从中表现出他们的聪明智慧、家庭教养和儿童情趣。如元人黄镇成的《南田耕舍二首》（其一）：

> 跨鹤来寻处士家,迢迢空翠隔烟霞。
>
> 山童揖客松边坐,却背春风扫落花。

这位山童彬彬有礼地向客人"拱手",让客人松边坐下;但随后他却无话与客人攀谈,而是背着春风扫落花,致使彼此间的言语交际形成尴尬局面。这种既有礼貌又拘谨腼腆的行为,正是儿童天真有趣、幼稚可爱之处。

学稼活动是指农村儿童所接受的耕作劳动教育和锻炼。如宋人范成大的《四时田园杂兴六十首》(选一):

> 昼出耘田夜绩麻,村庄儿女各当家。
>
> 童孙未解供耕织,也傍桑阴学种瓜。

农民们昼夜忙碌,其小儿小女也有自己的活儿干,即使是年龄最小,根本不懂耕织的童孙,也在"学种瓜"游戏中培养着劳动习惯。诗中充满了乡土气息和农家孩子的童趣。

还有不少诗,虽不能归入以上几类,但也表现了儿童天真的形象和幼稚的心灵,富有儿童趣味。如李白的《朗月行》。

> 小时不识月,呼作白玉盘。
>
> 又疑瑶台镜,飞在青云端。

小时候对月缺乏认识,不知为何物,只能根据自己所熟悉的一些东西,从颜色或形状上加以联想或类比。多么单纯,多么天真!"白玉盘"和"瑶台镜"两个新颖生动的比喻,使得全诗充满盎然的童趣。

三、童趣诗的艺术性

文学艺术是遵循着形象思维这条艺术创作规律来反映现实生活的。高尔基说:"艺术的作品不是叙述,而是用形象、图画来描写现实。"[②]别林斯基在论诗时也说:"诗的本质就在于给不具形的思想以生动的、感性的、美丽的形象。"[③]古代童趣诗决不是粗制滥造的诗歌次品,而是我国古代文学艺术宝库中精美的珍宝。它的艺术性,**首先表现在诗人通过形象思维,为我们描绘出许多惟妙惟肖、生动传神的儿童形象**。其中有垂钓的小儿、逃学的孩子、荡秋千少女、采莲小姑和爬树能手,也有牧牛村童、学稼幼孙,……这些孩子在诗人所创造的儿童乐园中无忧无虑、悠然自得地生活着,他们有的幼稚淘气,有的滑稽可笑,有的挤眉弄眼,有的一本正经,有的羞涩胆怯,有的调皮任性,……如唐人施肩吾的《幼女词》:

幼女才六岁，未知巧与拙。

向夜在堂前，学人拜新月。

一个六岁幼女，乳臭未干，根本不懂"巧与拙"。可又偏要摹仿成人去拜月乞巧，那动作，那神态，表现得十分认真，一本正经。作者正是利用这种有悖于常情的举动，来塑造幼女的形象，巧妙地收到了幽默滑稽、妙趣横生的艺术效果，从而给人留下了鲜明深刻的印象。再如唐人李涉的《牧童词》：

朝牧牛，牧牛下江曲。

夜牧牛，牧牛渡村谷。

荷蓑出林春如雨，芦管卧吹莎草绿。

乱插蓬蒿剑满腰，不怕猛虎欺黄犊。

这位牧童朝夕牧牛，与牛结下不解之缘，对牛产生了深厚的感情。他在放牧中戏乐，以蓬蒿作剑，插满腰间，英姿飒爽，威风凛凛，俨然是一位敢于斗猛虎、护牛群的小英雄。这是多么生动感人的艺术形象啊！

古代的诗人热爱孩子，熟悉儿童，善于观察儿童的一举一动、一言一行，并怀着一颗纯真的童心，以浓厚的兴趣和满腔的热情，创造出了一个又一个血肉丰满、既可笑又可爱的儿童形象。通过这些被描绘得栩栩如生的艺术形象，不仅表现了儿童们的天性，而且展示了他们单纯、幼稚、真诚的心底世界，令人赏心悦目，忍俊不禁，从而得到甜美的艺术享受。文学作品的感人力量是巨大的，即使是中老年人，读着这些童趣诗，也能勾起对美好童年的回忆；能使人觉得生活在儿童中间，年轻了许多；能使人忘掉忧愁烦恼，激发起生活的兴趣和勇气。

其次，童趣诗的艺术性，**还表现在它异彩纷呈、风格各异的语言运用上。**诗歌是最精粹的语言艺术，它要求在短小的篇幅里描绘出生动的艺术形象，创造出感人的艺术境界，从而激发读者的感情，引起他们的联想，这就必须有既精练含蓄而又生动形象的语言。而且，童趣诗是表现儿童的诗歌，当然一般又应与儿童单纯、幼稚的特点相适应，用通俗明白、生动活泼的语言来写。在这方面，诗人们可真是八仙过海，各显神通。唐代诗人中，李白的语言自然流美，含蓄凝练，其《长干行》《朗月行》《越女词五首》等诗，确如他自己所说，是"清水出芙蓉，天然去雕饰。"杜甫则创作刻苦、严肃，提出"不薄今人爱古人，清词丽句必为邻"，所以其风格也就多样。他的《北征》和《百忧集行》《泛溪》等诗，以稳重深沉、苍劲悲壮为主，也兼善轻快爽朗的清词丽句。白居易的诗则如薛雪《一瓢诗话》所说："言浅而思深,意微而词显。"其《观儿戏》《采莲曲》等篇写得通俗明快,浅缓坦直。李商隐的《骄儿诗》艳丽深挚,婉转精工,其语言确如葛常之《韵语阳秋》所说："义山诗包蕴密致,演绎平畅,味无穷而炙愈出,钻弥坚而酌不竭。"被时人称之为"诗家夫子"的王昌龄,其七绝确似"神品",《采莲曲二首》(其一)写得清新流丽,自然爽朗,不愧为千百年来脍炙人口的佳作。宋代诗人的语言,亦风格有别,各臻其妙。杨万里所写的童趣诗,不仅数量较多,而且语言也新鲜活泼,通俗自然,其《宿新市徐公店》《闲居初夏午睡起二绝句》《安乐坊牧童》《观小儿戏打春牛》等篇,写得的确像他自己所说的:"学诗需透脱,信手自孤高"。范成大则如翁方纲《石州诗话》卷四所说:"其实石湖虽平浅,尚有近雅之处。"他的《四时田园杂兴六十首》写得的确平易浅显,温润清新。戴复古的《山村》《觉慈寺》《石亭野老家》等诗,语言清健轻快,俊爽率直,基本上实践了他的"须教自我胸中出,切忌随人脚后行"(论诗十绝之四)及"锦囊言语虽奇绝,不是人间有用诗"(之五)的诗论。

　　此外,**童趣诗的表现形式也是多种多样的**。其中有五言的,也有七言的;有古体,有律诗,也有绝句;有拟古的,也有模仿民歌。诗人们通过各种体裁、各种艺术形式,来表现儿童的生活和精神风貌,无不生动感人,曲尽其妙。

四、编写说明

　　童趣诗是中国古代诗苑中的一朵奇葩,应该给予重视。在改革开放的今天,为了建设有中国特色的社会主义精神文明,我们必须批判地继承祖国一切优秀的文学遗产,必须对古代诗歌进行系统全面的研究并不断开拓新的研究领域;我们应该总结历代童趣诗的创作经验并建立新的理论体系,以推动儿童文学研究的发展,繁荣儿童文学的创作,给儿童们送去更多更好的具有中国作风和中国气派的精神食粮。为此,我与张学松、张宏运两位同志共同编写了这本《中国古代童趣诗注评》。书中共选诗一百五十首。编选的原则是:首先着眼于"童趣",其次照顾各重要作家和风格流派。既然把"童趣"作为首要标准,入选的作品当然大都以儿童为主要表现对象;此外,还有一小部分诗,从整体看虽不是以儿童为主要表现对象,但确实写出了童趣,且比较有特色,也予以选录。每个作家都附有小传,每首诗都有较详细的注释,并写了简短的评析,以帮助读者了解作家和作品。

编选和评注古代童趣诗,是一项开创性的工作,前人尚未搞过。由于很多诗没有旧注可供参考,而我们自己又水平有限,资料不足,再加上时间仓促,所以工作起来备感困难。尽管我们付出了艰苦的劳动,披荆斩棘,筚路蓝缕,但对搞出的东西仍很不满意。我们深感步履艰难。当然,既然搞了,就不能半途而废,一定要搞成。只要我们的工作能对儿童文学研究和创作、对孩子们有一点小小的贡献,我们就会感到极大的快慰。为此,我们殷切希望广大读者对书中肯定会有的错误和不当之处,提出批评意见,以便进一步修改和提高。

(本文发表于《驻马店师专学报》1993 年第 3 期,后用作北京语言学院出版社 1995 年出版的《中国古代童趣诗注评》的序言,收入本书时题目有改动)

【注释】

1. 鲁迅:《二心集·一八艺社习作展览会小引》人民文学出版社 1973 年版。

2. 高尔基:《同进入文学界的青年突击队员谈话》,《高尔基选集·文学论文选》孟昌、曹葆华译,人民出版社 1958 年版。

3. 别林斯基:《〈杰尔查文的作品〉第一篇》,《别林斯基论文学》(辛未艾译),新文艺出版社 1958 年版。

深沉的人生感悟 优美的山水画卷

——读张天福散文新作《龙湖月》

明月，似乎与人结下不解之缘，古往今来，不知多少文人墨客以明月为题材谱写动人华章。张若虚一首《春江花月夜》，写春江夜月，将诗情、哲理、画意融为一体，千古传颂。现代散文大师朱自清的《荷塘月色》写月光笼罩下的荷塘、荷塘里的月色，寄寓其人生遭际和感喟，脍炙人口。张天福的散文新作《龙湖月》，则写中秋之夜龙湖荡舟赏月，以优美的语言将古代动人的诗词、传说、故事与龙湖月结合起来进行描写，既展现一幅清秀静雅中透出浩瀚浑茫之气的美妙画卷，又蕴含深沉的人生感悟。读来如品鲜果，如饮陈酿，既获得了美感享受，又受到了人生哲理的启迪。

大约五年前，天福在《人民日报》先后发表散文《云台幽韵》和《醉君山》，虽初试锋芒，但出手不凡。文章以其思想的深邃和文笔的练达颇获读者好评。自此，天福渐有散文佳作问世。又经五年人生历练和创作经验积累，其思想更为成熟，文笔也更为老到。这篇写景散文《龙湖月》就是明证。

天福对月似乎有着独特的感受和领悟。在他笔下，东、西、南、北四方的月，各有不同特色；春、夏、秋、冬四时的月，各有不同情趣；甚至初升、午夜和西坠的月，也都有各自不同的品质。我们觉得，天福这里不仅是在写月，更是写人生。初升的月、午夜的月和西坠的月，正仿佛人生的幼年、中年和晚年，他把世事的沧桑、人生的巨变和心灵的顿悟都寄寓在对月的描绘中。"李白心中的月是神奇明镜的月，失望愤怨的月。""颜公心中的月如秋水，似明瞳，流淌着忧愤，铭示着鸿鹄之志。"这哪里是在写"月"，这不分明是在写人生吗？唐代大诗人李白和大书法家颜真卿心中的月，积结着他们各自的人生遭际，天福是否也在借古人之酒杯浇自己心中的块垒？文如其人。天福既有敬业从政的经历，又是一个正直的文人。他心中常怀着强烈的正义感，这种正义感必然会流露于他的笔端。我们注意到，随着游踪，文章在引述了"打狗潭"和"将军柱"的故事后有一段抒情性极强的议论：望着午夜月下的"打狗潭"和"将军柱"，我不禁感慨万千，正义如湖边柱石，坚韧而刚劲；正义如天中夜月，高洁而明丽；正义如水中深潭，噬罪孽如饥渴，疾邪恶如仇敌。这是对正义的讴歌，也是作者人格的写照！写景文写出"人"来，这才是真正的好文章。

龙湖的月是美的，龙湖的山水也是美的，中秋明月笼罩下的龙湖山水则更美。《龙湖月》以时间为序，游踪为线，叠合时空，移步换形，展现出一幅幅优美的画卷。作者笔下的月是龙湖之上的中秋夜月，作者笔下的龙湖是中秋明月笼罩下的龙湖，月与龙湖水乳交融，相映生辉。不仅如此，由于作者在描绘龙湖月色时恰当地引述了不少优美动人的古代诗、词和传说、故事，把传统文化与旅游景点联系起来，使人文美与自然美结合在一起，构成了文章中丰厚的文化底蕴，显示了学者散文浓重的书卷气。

如果说深沉的人生感悟、优美的自然画卷和饱学文人的书卷气是这篇散文内容上的特色的话，那么语言美则是其形式上最显著的特色。天福是很讲究语言艺术的，特别注重修辞炼句。这篇散文中排比句的运用便是明证。他善于围绕着一个中心，通过丰富的联想和想象，从时间或空间、形象或内涵、个体或类别上排比铺陈，多方面描绘事物，抒发情感。这些排比句，有的如切如磋，如琢如磨，加工精细，逼真传神，如："初升的月爽朗、鲜嫩、洁净、充满生机；午夜的月大气浩宏、圆润丰满、充实厚重、成熟练达；西坠的月古朴、沧桑、历练、睿智、经典。"有的用词生动形象，充满诗情画意，如"生怕踩碎了一夜月光，踩泻了一层薄雾，踩醒了一湖神秘，踩脏了一片素净。"有的节奏分明，韵律和谐，如："东方的月朦胧含蓄，西方的月鲜亮明丽，南方的月灵秀爽朗，北方的月雄浑大气。"有的则如一串瑰丽的珍珠，映射出一系列优美的意境，能引发读者无穷的遐思，如："老虎岭是望月的，神仙洞是藏月的，千步沙是踏月的，百鸟林是唱月的，骆驼峰是驮月的，猴儿崖是捞月的，棋盘石是赛月的，神仙路是铺月的……"

此外，天福在表现人生感悟时，还善用拟人手法，使语言充满鲜明的感情色彩。除前边提到的讴歌正义的"感慨"一例外,再如:"晚雾向西边的山林中散去,消散了怒气和偏激,消散了张扬和浮躁,偃旗息鼓,销声匿迹,显现出高远和大度,宽仁和慈和。"他把"晚雾"当作有感情的人来描写,包含着丰富的人生顿悟。

天福是个很有才气的文人。如果说当年刚在《人民日报》上崭露头角时的散文就表现出了不凡的才气的话,那么如今,这种才气则更有发展、更为成熟。我们期待着他有更多、更好的作品问世。预祝其散文创作获得更大成功。

（本文与张学松合写,发表于2002年4月18日《驻马店日报》文艺副刊）

■ 社会篇

从召信臣号曰召父说开去

　　西汉召信臣,字翁卿,九江寿春人。他"以明经甲科为郎,出补谷阳长。举高第,迁上蔡长。"在治理上蔡期间,"视民如子","好为民兴利,务在富之。"他根据上蔡的地理情况,开通河道,修建水闸,扩大灌溉面积,提高农业产量,使"民得其利,蓄积有余。"同时,还反对铺张浪费的陈规陋习,大树勤俭节约的社会新风,"禁止嫁娶送终奢靡,务出于俭约"。他坚持教化,真抓实干,"躬劝耕农,出入阡陌,止舍离乡亭,稀有安居时"。在他的辛勤治理下,上蔡呈现出一片大好景象:"莫不耕稼力田,百姓归之,户口增倍,盗贼狱讼衰止"。由于他为百姓办了实事、好事,政绩卓著,所以便得到了人民群众的衷心拥戴,"吏民亲爱信臣,号之曰召父"。

　　"召父"这一称呼,虽只有简单的两个字,却包含了人民群众对召信臣的充分肯定和无限的敬仰与爱戴。老百姓的眼睛是雪亮的,他们对为官者的看法最准确、最公正。官员的好与坏,听听百姓的议论便一目了然。自从盘古开天地,三皇五帝至于今,中国的官多得不可胜数,上自天子,下至群臣,是好是坏,人民群众都有公平的定论。例如,大禹治水,"八年于外,三过其门而不入",鼓励农耕,"身执耒锸以为民先",早被传为历史佳话;后来明朝打击豪强、兴利除弊、刚直不阿的海瑞和清代勤于政事、严守清贫的"一代廉吏"余成龙,人民也都为之歌功颂德,念念不忘。至于新中国成立后的领导干部,像访贫问苦、时刻想着百姓,一心要改变兰考面貌,积劳成疾、死而后已的焦裕禄;三赴西藏,为使贫穷落后的藏族同胞过上好生活而日夜操劳、席不暇暖的孔繁森,百姓则更是人人称赞,有口皆碑。当然,对那些祸国殃民、为非作歹的坏官,人民群众却从来都是口诛笔伐,毫不客气。比如,暴虐奢侈的桀,荒淫无道的纣,恃宠揽权的严嵩以及当代腐化堕落的王宝森、贪污受贿的成克杰,等等,都毫无例外地遭到了人民的唾骂,必将遗臭万年。由此可见,自古及今,所有当官的,都得经过人民的检验。好与坏的划分,当然是根据官员的言行。言行自己可以掌握,但评价好坏的标准却在人民群众手中。人民既听其言,更观其行;既看现象,更重本质;既看一时一事,更注意一贯表现,绝对客观、公正。所以,为官者,做了好事,无须张扬吹嘘;干了见不得人的事,也休想长期粉饰掩盖,人民群众心明眼亮,最清楚不过。只有做老实人,办老实事,忠于职守,勤政为民,才能活着有百姓的亲近与赞许,死后有人民的哀悼和怀念。

好官与坏官,虽然分属于两个迥然不同的极端,但二者的分道扬镳其实往往只源于最初的一念之差,即:心中有没有老百姓。就是说,不管你官职高低,能力大小,只要心中装的是百姓,事事为百姓着想,像召信臣那样做到为官一任,造福一方,便自然是好官;反之,如果不管百姓利害,一心只顾以权谋私,那就总有一天会变成坏官的。所以,牢记毛泽东同志"两个务必"的教导,多为百姓办实事、好事,全心全意地率领人民群众脱贫致富、早奔小康,这便是当今的为官之道。

（本文发表于《驻马店宣传·天中杂谈》2003 年第 4 期）

俭朴作风不能丢

　　毛泽东同志说，"什么事情都应当执行勤俭的原则"。这是要我们注意俭朴，发扬艰苦奋斗精神。俭朴，就是节俭朴素，这是党历来倡导的一种好作风；与之相反的，则是奢华与奢侈，即铺张浪费摆阔气和追求超经济条件之享受的坏作风。办事是尚俭还是求奢，这是每一个人都必须善加取舍的问题，党政领导干部更应慎重对待，正确选择，否则就会贻误工作，甚至滑向腐败。

　　俭朴，是中华民族的传统美德。在我们炎黄子孙的文明史里，有着许多训俭名言和相关的人物故事。孔子说："奢则不逊，俭则固，与其不逊也宁固。"（《论语·述而》）意思是说，奢侈豪华则显得骄傲，节俭朴素则显得寒伧；与其骄傲，宁可寒伧。鲁国大夫御孙见庄公让人在椽子上雕花，便劝阻道："俭，德之共也；侈，恶之大也。"（《左传·庄公二十四年》）意思是说，节俭，是善行中的大德；奢侈，是邪恶中的大恶。司马光则进一步阐述了俭与侈的深刻影响，他说："夫俭则寡欲，君子寡欲则不役于物，可以直道而行，小人寡欲则能谨身节用，远罪丰家。"而"侈则多欲，君子多欲则贪慕富贵，枉求速祸，小人多欲则多求妄用，败家丧身，是以居官必贿，居乡必盗。"（《温国文正司马公文集》）司马光言直身正，说到做到，他虽然身居要职，但"衣取蔽寒，食取充腹"，严守俭朴，终其一生。著名清官海瑞，吃粗米饭，穿布袍子，还让家人自己种菜，上山砍柴；为母亲过生日，才舍得买上二斤肉。鲁迅先生虽身患重病，但冬天不穿棉裤，盖的被子套的是多少年没有换过的老棉花；铺板从不换藤的或棕的，也不愿换用厚褥子。他说："生活太安逸了，工作就被生活所累了。"讲得多么深刻啊！在中华民族大家庭里，像"一粥一饭,当思来之不易;半丝半缕,恒念物力维艰"这类世代相传的训俭忠诚,实在是多得很;像"新三年,旧三年,缝缝补补又三年"这种俭朴生活的写真,实在说不完。

俭朴,也是我们党领导中国人民干革命、搞建设的传家宝。从井冈山的"红米饭,南瓜汤",到长征路上的树皮、草根;从延安的窑洞和纺车,到解放全中国时的"小米加步枪";从毛泽东那件补丁盖补丁的睡衣,到焦裕禄肝癌晚期仍执意不再服第四剂的那张药方;从南京路上好八连战士身上的针线包,到酒泉卫星发射中心科技工作者桌上的方便面……都闪耀着中国人民俭朴精神的光芒。可以说,正是因为有了这种俭朴精神,我们才不断地取得革命和建设的伟大胜利,而如果没有这种精神,艰苦奋斗就是一句空话,革命和建设的成功也就不可能实现。

如今,随着改革开放的逐步深入,我们的国民经济空前发展,人均收入大大增加,人民生活水平迅速提高。党正满怀信心地率领着全国人民全面奔小康。在这大好形势下,需要警惕大手大脚、奢侈浪费的作风和讲排场、比阔气等享乐思想的滋长蔓延,尤其领导干部更应保持清醒的头脑,牢记毛泽东同志"两个务必"的教导,千万不能疏忽大意。应该看到,我们的国家还不富裕,至今仍有一部分群众尚未脱贫,我们离全面小康还有相当大的一段距离。振兴中华,任重道远,怎能不继续保持艰苦奋斗精神,而从此丢掉俭朴这个传家宝,大手大脚花钱甚至搞起享受来呢?再说,共产党以全心全意为人民服务为宗旨,各级干部都是人民的公仆,而不是人民的老爷,应该"先天下之忧而忧,后天下之乐而乐",吃苦在前,享受在后。只有这样,才能增强党的凝聚力,与人民群众心连心,率领着大家奔小康,岂能脱离人民群众搞特殊化?

毛泽东同志早就说过,要使我国富起来,需要几十年艰苦奋斗的时间,而"几十年以后也需要执行勤俭的原则"。这就是说,即使将来我们的国家有了高度的物质文明,社会财富远远超过其他发达国家,那为了同时建设好高度的精神文明,也需要继承中华民族的精神财富,不能忘掉俭朴这个传统美德。司马光说的"侈则多欲",一点不假,人的欲望是无止境的,一旦"多"起来,便很难满足,得陇望蜀即是其规律。这正像俄罗斯作家普希金的童话《渔夫和金鱼的故事》里渔夫的那位老太婆那样,贪得无厌,最初只想要个木盆子,但要求越来越高,到后来竟要做全世界的女皇,甚至要金鱼来亲自服侍,供她驱使。我们国家将来就是富强了,也容不得这种老太婆。因为,即使十分富有,又能有多少社会财富可供这种不知满足的奢侈享乐之徒受用呢?所以,为了建设社会主义,应始终坚持勤俭原则,这实在是太重要了。

总之,俭朴作风是中华民族的传统美德,是中国人民的传家宝,我们永远也不能丢掉!

(本文发表于《驻马店宣传·天中杂谈》2003 年第 9 期)

驿城月季岁岁红

　　驿城是花城,春有杏、桃,秋有桂、菊,夏有石榴,冬有腊梅。但驿城人情有独钟的,却是月季花,他们把月季花选定为市花。不但大街上成排栽种,而且机关单位都有大大小小的园圃,甚至各家各户也都要精心养上几盆。

　　夏季是月季花开的鼎盛季节,也是驿城容光焕发、分外妖娆的季节。几条主要街道,如解放路、中华路、文明路和雪松路等的街心花园里,月季花竞相开放,花团锦簇,争奇斗艳。花色以红为主,有深红、浅红、橙红、粉红,间或也有白的。怒放的花朵,就如同姑娘们那一张张妩媚动人的脸。站在沿街高楼往下看,花园就像是一条红色参差的彩带向远方铺展开去,形成一道美丽的风景线。每逢工休假日,人们纷纷涌上街头观看,大家指指点点,赞不绝口,赏心悦目,流连忘返。是啊,月季花牵动着驿城人的心。记得有一年举行花展,市民积极参加,他们用手搬,用肩扛,用自行车带,用小三轮拖,硬是从四面八方把花送到展点,有些甚至是从相当远的郊区送去的。小学生们也把爸爸、妈妈、爷爷、奶奶都动员起来,将家里盆养的最心爱的月季花,送去展出。就这样,月季花以它奇特的魅力,赢得了驿城人民的厚爱。

　　驿城月季红,红得不仅令人喜爱,而且能激发人们的求知兴趣,从而使你了解到许多有关月季花的知识和故事。

　　月季花又称长春、胜春、月月红、斗雪红。明代药物学家李时珍《本草纲目》里介绍:月季花"处处人家多栽插之,亦蔷薇类也。青茎长蔓硬刺,叶小于蔷薇而花深红,千叶厚瓣,逐月开放,不结子也。"还指出,它不仅有较高的观赏价值,而且其性"甘、温",有"活血、消肿、敷毒"之功。另外,《辞海》里也解释说,月季花是"低矮直立落叶灌木,有刺,或近无刺。奇数羽状复叶,小叶3至5片。夏季开花,花数朵同生,偶单生,深红至淡红色,偶白色,萼片边缘羽状分裂。产于我国。久经栽培,供观赏。园艺上变种颇多。"据有关专业书籍统计,目前月季花的品种全世界有上万之多。按花色分,有红、黄、白、橙、蓝、绿、复色等类型;按开花持续期分,有四季种、两季种和一季种;按植株形态分,有直立型、蔓生型和微型等。

月季花盛期在夏,但花期很长,能够"逐月开放",因此在百花中素有较高的品位。古典小说《镜花缘》第五回《俏宫娥戏夸金盏草,武太后怒贬牡丹花》中说,宫娥上官婉儿借师、友、婢之意,将三十六种花分为上、中、下三等,其中月季花与桃花、杏花等十二种花"品列中等"。太平公主提出异议:"芙蓉应列于友,反列于婢;月季应列于婢,反列于友","似有爱憎之偏"。上官婉儿辩道:"月季之色虽稍逊芙蓉,但四时常开,其性最长,如何不是好友?"中国人视之为良友,外国人则誉之为"花中皇后"。看来,能"四时常开"的确是月季花最大的特点,这恐怕正是它使驿城人特别钟情的缘由。而且,我国北京、天津、大连、青岛以及河南的郑州、新乡、商丘、焦作、平顶山、三门峡和信阳等城市,都把它选作市花,恐怕也都是出于同样的原因。

月季花还以其四时常开的优势,赢得了历代诗人和词家的赞誉,从而丰富了中国的花文化。宋代韩琦的诗这样咏颂:"牡丹殊绝委春风,露菊萧疏怨晚丛。何似此花荣艳足,四时长放浅深红。"杨万里也曾写出:"只道花无十日红,此花无日不春风"和"月季元来插得成,瓶中花落叶犹青"等佳句。明代的张新则有"惟有此花开不厌,一年长占四时春"的妙语。从词作看,宋代舒亶赞美道:"不管雪消霜晓,朱颜长好。年年若许醉花间,待拼得花间老。"这是说,他情愿年年长醉于月季花下,老而不辞。王义山则称颂:"端的长春春不老,玉颜微红,酒晕精神好。多谢天工相懊恼,花间不问春迟早。"这就进一步赞美了月季花四时常开,青春永驻,能令人随时观赏,无须过问春之迟早和季节变化的精神。

驿城月季岁岁红。它红遍了大街,红遍了千家万户。它不仅美化了驿城,更陶冶了驿城人的情操。如今,赏花已成了驿城人生活中一项不可缺少的内容。月季花作为现代化文明城市的一种标志,必将伴随着驿城人愉快地进入21世纪,迎接更加美好的明天。

(本文发表于《驻马店日报》1998年5月21日文艺副刊)

汝南方言语音、词汇述略

一、概说

汝南县位于驻马店地区中部,东邻平舆县,南接正阳县,西连遂平县和确山县,北靠上蔡县,全县 21 个乡镇,土地面积 1580 平方公里,人口 79 万。县城汝南,因位于汝河南岸而得名;又因城北汝河曲绕,城若悬瓠,故古称悬瓠城。据考证,东晋时悬瓠还只是个小镇,到南北朝时便发展为郡治所在。隋唐时,或改州为郡,或废郡置州,元代又设汝宁府,治所皆在汝阳;汝阳,亦即昔之悬瓠,今之汝南县城。这里交通发达,是古豫南"官马御道"的枢纽。自隋唐至民国,往北官马大道通开封,往南官道抵江夏(今汉口),往西官道又远达长安。总之,从古代到近代,直至驻马店地区建立之前,在两千年的悠久历史中,汝南一直是豫南的政治、经济、文化和交通中心。正是这些有利条件,扩大了汝南与周围各地、县之间的民间交往,使得汝南方言无论在语音、词汇或语法哪个方面,都与周围各地保持着较大的一致性。尽管自 1965 年以后,随着驻马店地区的建立与发展,汝南在政治、经济等方面的地位渐被驻马店市所取代,但从方言来说,汝南话毕竟有着长期的历史影响,因而在全地区有着特殊的地位。

汝南方言属于北方方言中的华北方言,但也带有西南方言和江淮方言的某些影响。汝南方言的突出特点主要表现在语音上:

(一)尖音并入团音。即细音前的 ts、ts'、s 今读 tɕ、tɕ'、ɕ;

(二)无舌尖后音,即 tʂ、tʂ'、ʂ、ʐ 读 ts、ts'、s、z。这两点在整个驻马店方言中是有其代表性的。

县内的方言差别,主要是:

(一)s、ʂ变f。全县大部分地区(自县城南的三桥、官庄、舍屯几个乡往北,包括城关在内的整个北、中部),都把合口呼韵母前拼声母s、ʂ的两类字读为f声母(但城关则另有少部分人均读为s声母)。

(二)x、f不分。汝南县东南部(自马乡、和孝、常兴往南与正阳县相邻的几个乡),xu-与f-混读。

此外,城西水屯乡及附近一带,日常生活中一些子尾词儿化时韵尾发颤音,如:面条子儿 [miɛnˈtʻiɔtsɹ],豆芽子儿 [touiatsɹ]。

汝南方言的词汇,与普通话词汇基本相同,但也有差别,这主要表现在同义异形和异义同形两类词语上。

汝南方言尽管和普通话还有这样那样的差别,但随着普通话的日益推广和普及,也必将逐渐向汉民族共同语靠拢。

二、汝南方言的声、韵、调系统

1.声母。

汝南方言有20个声母,列表如下:

发音方法 \ 发音部位		双唇	唇齿	舌尖中	舌尖前	舌面前	舌根
清塞音	不送气	p		t			k
	送气	Pʻ		tʻ			Kʻ
鼻音	浊音	m		n		ȵ	
清塞擦音	不送气				ts	tɕ	
	送气				Tsʻ	tɕʻ	
擦音	清音		f		s	ɕ	x
	浊音				z		ɤ
边音	浊音			l			

说明：

（1）汝南方言比普通话多 z、ȵ、ɣ 三个声母，而少 tʂ、tʂʻ、ʂ、ʐ四个声母。

a. 普通话中的 tʂ、tʂʻ、ʂ，汝南分别并入 ts、tsʻ、s；ts、tsʻ、s 的发音部位，比普通话相应声母靠后，舌尖与齿龈前部接触。普通话中的 ʐ，汝南由 z 取代。

b. 普通话齐、撮两呼韵母前的 n 声母字，汝南读 ȵ 声母。

c. 普通话开口呼韵母自成音节的字，汝南读 ɣ 声母。

（2）其他声母的音值与普通话相应声母基本相同。

2. 韵母。

汝南方言有 39 个韵母，列表如下。

韵类 ＼ 四呼	开口	齐齿	合口	撮口
单韵母		i	u	y
	a	ia	ua	
	o		uo	yo
	ɤ			
	ɛ	iɛ		yɛ
	ɿ			
	ɚ			
复韵母	ai		uai	
	ei		uei	
	au	iau		
	ou	iou		
鼻韵母	an	ian	uan	yan
	ən	in	uən	yn
	aŋ	iaŋ	uaŋ	
	əŋ	iŋ	uəŋ	
			uŋ	yŋ

说明：

（1）汝南方言比普通话多韵母 yo，少韵母 ʅ。

（2）汝南方言 ai、uai 和 au、iau 中的主要元音和韵尾之间，不像普通话那样有明显的复合动程，发音较短。这四个韵母的实际音值分别与 ɛ、uɛ、ɔ、iɔ 近似。

（3）汝南方言中的 o（包括 uo、yo、ou、iou 里的 o），发音时双唇较舒展，没有普通话中的 o 拢得那么圆，而且 ou、iou 中的 o，音也较低。

（4）ɛ 的发音部位，较普通话偏后而稍高。

（5）其他韵母的发音，与普通话相应韵母基本相同。

3. 声韵拼合关系。如下表：

拼合情况 / 声母 \ 韵母	开口呼	齐齿呼	合口呼	撮口呼
p p' m	－	－	－（限于 u）+	＋
f	－	＋	－（限于 u）+	＋
t t'	－	－	－	＋
n l	－	n ＋ l －	－	n ＋ l －
ts ts' s z		＋		
tɕ tɕ' ɕ ʑ	＋	－	＋	－
k k' x	－	＋ －（少数字）	－	＋
ɣ	－	＋	＋	＋
零声母	＋	－	－	－

说明：

（1）表中"－"表示声韵相拼合，"＋"表示不相拼合。

（2）汝南方言的 k、k'、x 可与齐齿呼韵母 iɛ 相拼合，但其实际音值应分别是 c、c'、Ç。

（3）γ 只与开口呼韵母相拼。

4. 声调。

汝南方言的调类和调值如下表：

调类	调号与调值		例字
	汝南话	普通话	
阴平	⌿ 24	⌐ 55	刚知专尊丁边安
阳平	⌏ 42	⌿ 35	穷陈床才唐提平
上声	⌐ 55	⌎ 214	古展五女短比袄
去声	⌎ 312	⌏ 51	盖帐共阵近坐爱

说明：

（1）汝南话也有与普通话相对应的阴平、阳平、上声、去声四个调类,只是调值与普通话不同。

（2）汝南话也有词语连读变调现象,其变调情况是：

A.“一、七、八、不”的变调

a.“一、七、八”在去声前均由阴平 24 变为阳平 42,如：一路、一个、一遍；七次、八步、七上八下。

b.“不”在上声前由阴平 24 变为 33（中平）,如：不好、不仅；在去声前变为 42（中降）,如：不错、不怕。

B. 上声的变调

两个上声相连,第一个变为 33（中平）,如：老绑（笤帚）、厂长。

C. 去声的变调

两个去声相连,第一个变为 213（低降升）,如：社会、贡献。

（3）汝南方言也有轻声。如：剪子、石头、家里、看看。

三、汝南方言的语音特点

汉语各种方言的形成,取决于各自不同的历史发展。因此,通过与中古《广韵》音系的历史比较和与现代普通话音系的共时比较,可看出汝南语音的历史演变轨迹及其音韵特点。

1. 声母

（1）不分尖团音。中古细音前的精组声母和见组声母两类字，今汝南方言与普通话均读 tɕ、tɕ'、ɕ，都已合流。如：

精组：积集挤济 } iɕi
见组：鸡级己计

妻齐砌 } tɕ'i
期奇器

西昔洗细 } ɕi
希橄喜戏

精组：疽雎聚 } tɕy
见组：居拘具

趋取趣 } tɕ'y
区曲去

需徐序 } ɕy
虚许旭

（2）知照系与精组合流。普通话里 tʂ、tʂ'、ʂ、ʐ 与 ts、ts'、s 为两类字声母，而汝南却无 tʂ、tʂ'、ʂ、ʐ，只有 ts、ts'、s、z。这说明汝南话里知组、庄组和章组各声母已与精组声母合流，tʂ、tʂ'、ʂ 全都归入 ts、ts'、s 了；日母字，除逢止开三支、之、纸、止、志、至各韵时，读零声母 ə 外，其他的 ʐ 全被 z 所取代。

ts 声：

铡→杂 tsa

朝—遭 tsau

摘—灾 tsai

知—姿 tsɿ

周→邹 tsou

沾—簪 tsan

张—赃 tsaŋ

争—增 tsəŋ

煮—祖 tsu

桌—作 tsuo

坠—最 tsuei

专—钻 tsuan

准—尊 tsuən

中—宗 tsuŋ

Ts' 声：

插→擦 ts'a

抄→操 ts'au

钗—猜 ts'ai

池→词 ts'ɿ

臭—凑 ts'ou

搀—餐 ts'an

常—藏 ts'aŋ

成—层 ts'əŋ

出—粗 ts'u

绰—搓 ts'uo

吹—崔 ts'uei

川—窜 ts'uan

春—村 ts'uən

冲—聪 ts'uŋ

s 声：

傻→洒 sa   山一三 san

捎→骚 sau   身一森 sən

筛→腮 sai   商一桑 sang

诗一思 sʅ   声一僧 sən

首一叟 sou

z 声：

绕 zau   壤 zaŋ

热 zɛ   扔 zəŋ

日 zʅ   辱 zu

柔 zou   若 zuo

然 zan   瑞 zuei

仁 zən   荣 zuŋ

（3）s、ʂ 变 f。普通话 s、ʂ 后拼合口呼韵母的字，汝南大部分地区读 f 声母，即精组心、邪母，庄组生母，章组昌、船、书、禅各母的合口韵字和少数开口韵（如宕开三、江开二）字，今汝南读非、敷、奉等声母字音。如：

su、ʂu→fu：苏酥素诉溯速谡、舒抒书姝枢输叔孰殊赎暑署黍鼠蜀庶恕墅戍数竖树术述束 → 夫

ʂua→fa：刷 → 发

suo、ʂuo→fo：蓑梭莎缩锁所索、烁铄朔槊硕 → 佛

ʂuai→fai：衰摔甩帅率

suei、ʂuei→fei：虽绥睢随碎岁穗祟遂、税说（游说）→ 肺

suan、ʂuan→fan：酸痠算蒜、闩拴栓涮 → 翻

suən、ʂuən→fən：孙损笋榫、吮顺舜 → 分

ʂuaŋ→faŋ：霜双 → 方

suŋ→fəŋ：送宋→奉

但，说话的"说"，汝南读 fɛ；"谁、水、睡"汝南读 sei。另外，通合三东、钟、肿、用各韵的心、邪母字，今汝南声母是 ɕ，如：嵩松竦耸怂诵颂讼，汝南读 ɕyŋ。

（4）xu-、fu- 相混。晓、匣二母的合口韵字，今普通话声母为 x，汝南县东南部与正阳县相邻的几个乡与非、敷、奉各母字相混。如：

呼胡虎户＝夫伏府富（读 xu 或 fu）

花滑话＝发伐法（读 xua 或 fa）

豁活火祸＝佛（读 xuo 或 fo）

淮怀槐坏（读 xuai 或 fai）

灰回毁会＝飞肥匪费（读 xuei 或 fei）

欢还缓换＝翻烦反饭（读 xuan 或 fan）

昏浑混＝分坟奋（读 xuən 或 fən）

荒黄谎晃＝方防纺放（读 xuaŋ 或 faŋ）

轰红哄＝风冯讽（读 xuŋ 或 fəŋ）

（5）n 读为 ȵ。细音前的泥母字，今普通话声母为 n，而汝南则为 ȵ。如：

ȵi：你泥腻匿

ȵiɛ：捏聂

ȵiau：鸟尿

ȵiou：妞牛（白话音为 ɣou）扭谬（普通话读 miou）

ȵiɛn：粘年拈念

ȵiaŋ：娘

ȵiŋ：宁拧

但今普通话读 n 声母的细音前的少数疑母字，汝南则读零声母，如：拟逆——i、孽——iɛ、凝——iŋ

（6）中古影、疑两母的开口一等字和部分开口二等字，今普通话为开口呼零声母字，汝南则读 ɣ 声母。如：啊恶哀诶袄欧安恩昂硬（普通话读齐齿呼 iŋ）。

2. 韵母

（1）今普通话合口呼韵母前拼声母 s、ʂ 的两类字，汝南除单韵母 u 外，均丢失韵头 u，读为开口呼，例字见上述声母特点（3）。

（2）曾开一德韵端、精二组字，梗开二和曾、深、假、山、咸各摄开口三等陌、麦、职、缉、薛、叶、麻、马、祃等韵的知、庄、章、日各组字，今汝南话韵母不是普通话的 ɣ，而是 ɛ。如：

得德——tɛ

忒特——t'ɛ

责则仄择泽、遮辄摺蛰哲辙折谪者柘浙——tsɛ

侧恻策册、车扯彻撤掣——ts'ɛ

塞涩瑟啬穑色、奢赊蛇舌舍赦社射摄涉设——sɛ

惹热——zɛ

（3）蟹合一端组灰、队、贿、泰各韵字，今汝南话韵母不是普通话的 uei，而是 ei。如：

堆对碓队兑——tei

推颓腿退蜕——t'ei

（4）梗开二陌、麦韵和曾开一德韵的见、晓组各母字，今普通话韵母是 ɣ，而汝南则为 iɛ。如：

格隔革——kiɛ

克刻客——k'iɛ

劾核赫黑——xiɛ（黑，普通话韵母是 ei）

而果合一戈、果、过等韵的见、溪、匣各母字，今汝南话韵母却是 uo，如：

戈——kuo

科棵颗课——k'uo

禾和——xuo

（5）通合三钟、肿、用各韵的影、以母字和梗合三梗、映各韵的云母字，今汝南话韵母不是普通话的 yŋ，而是 uŋ。如：

雍邕拥庸永泳勇踊用——zuŋ

（6）山开三、山合三薛韵和咸开三叶韵的来母字，今汝南话韵母不是普通话的 iɛ，而是 ɛ。如：

列烈裂劣猎——lɛ

（7）遇合三御、鱼、语、虞等韵的庄组初、崇、生各母字，汝南话韵母不是普通话的 u，而是 uo。如：

助——tsuo

初锄刍雏楚础——ts'uo

梳疏数（计也）——suo（多读 fo）

但通合三烛、屋韵的心、邪母字，汝南话韵母不是普通话的 u，而是 y。如：俗肃夙宿粟——ɕy

（8）宕开三药韵和江开二觉韵逢精、见、影各组声母的字，汝南话韵母不是普通话的 yɛ，而是 yo。如：

爵脚觉角珏催——tɕyɔ

雀鹊却确榷——tɕ'yɔ

学削——ɕyɔ

约虐疟钥岳乐——yɔ

但宕开三药韵的以母字和来母字,汝南话却分别读 iau（音近 iɔ）韵母和 uo 韵母。如:跃——iau、掠略——luo

（9）梗开二陌、麦韵,宕开一铎韵及曾开一德韵的帮组字,今普通话读 o 韵母,汝南话则读 ɛ 韵母。如:

pɛ——伯帛舶泊

p'ɛ——迫魄粕

mɛ——陌貊脉墨默

（10）曾合一德韵、梗合二陌、麦韵的少数见、匣母字,今普通话韵母为 uo,而汝南话则读 uai（音近 uɛ）。如:

国虢帼馘——kuai

或惑获——xuai

（11）通合三东、钟、肿、用各韵的心、邪母字,今普通话韵母为 uŋ,而汝南话则读 yŋ。如:

松嵩耸悚怂诵颂讼——ɕyŋ

3.声调

汝南方言的声调特点是:与普通话调类相同,调值不同,而且由中古至今的演变情况也不尽一致。中古平、上、去三声的演变（平分阴、阳,全浊上声归去声）和入声全浊声母的演变（归阳平）,都和普通话一致;但古入声清和次浊声母的分派却另具特点:汝南方言是一律变阴平,而普通话则是,古入声次浊声母全归去声,清声母则分别归于阴平、阳平、上声和去声四种声调。列表如下:

入声类型 比较　　　例字	清				次浊
	接	节	雪	确	灭聂列业
汝南方言	阴平				阴平
普通话	阴平	阳平	上声	去声	去声

四、汝南方言的词汇

北方方言是普通话的基础方言。汝南方言属于北方方言,因此不仅其语音与普通话有较大的一致性,而且其词汇也与普通话基本相同;所存在的一些差别,主要表现在两类词语上:

第一类是同义异形词。汝南方言有相当一部分词与普通话相应的词意义相同,词形有别。如,汝南的倭瓜、地瓜、牙狗、咪猫、脖圈,普通话则分别叫南瓜、菜瓜、公狗、母猫、项圈,两者间一部分构词语素相同,一部分构词语素不同。汝南另有相当一部分方言词,却与普通话相对应的词词形完全不同,如老绑、鹅儿食、传柬、完亲,普通话则分别指笤帚、蒲公英、定婚、结婚。值得注意的是,这类方言词里有些创造得十分精彩,充分表现了当地人民从对事物的特殊认识出发,着眼于不同的角度,用不同的手法来造词的智慧。如,把"裸体"叫做"光屁股",突出了更典型的部位;把"蝉蜕"叫作"爬叉皮",多么形象;把"巴结"叫作"舔盘"(盘指屁股),讽刺得又是何等深刻含蓄!

第二类异义同形词。普通话亲属称谓里的"外甥儿"和"外甥女儿",是由舅父、母或姨父、母来称呼的,但在汝南,却可以同时由外祖父、母,舅父、母和姨父、母来共同称呼,词义却显然扩大了。

此外,汝南方言用来区分词义的方法也十分灵活。如,在亲属称谓里,"达",读 [ta^{42}] 时指父亲,读 [ta^{24}] 时则指伯父或叔父。"娘",读 [ȵian]^{42} 时指母亲,读 [ȵian]^{24} 时则指姑母。这是一种不需另造新词,只用声调的变化即可来区分词义的很经济的办法。

下面选列与普通话有差别的部分汝南方言词,以见一斑。每一词条后,加注普通话相应词语或简释,个别词条举例说明用法,下加____线者为同音替代字。

冰冰条儿——冰锥儿

巷儿——胡同

坡儿——地方

基年——今年

挨黑儿——傍晚

碓碓窑——碓

老绑——笤帚

地瓜（又叫酥瓜）——菜瓜

倭瓜——南瓜

落生——落花生

鹅儿食——蒲公英

车轱轮子棵——车前草

牙狗——公狗

咪猫——女猫

促窜——蚯蚓

爬叉皮——蝉蜕

团鱼——鳖

灶火——厨房

蒜碓碓——蒜臼

老娘婆——收生婆

仿——像　　例：这孩子长得仿他达。

达 ta^{42}——父亲

达 ta^{24}——伯父或叔父

娘 ȵiaŋ^{42}——母亲

娘 ȵiaŋ^{24}——姑

大爷——伯父

老爷——外祖父

姥儿——外祖母

外甥儿——外孙或外甥儿

外甥女儿——外孙女儿或外甥女儿

闺女——女儿

恶拉盖儿——额

光屁股——裸体

嘴水——哈喇子

贼拇指——无名指

妈儿（又叫蜜）——乳房

拨老盖儿——膝盖

干哕——恶心

左胳拉子——左撇子

拾药——抓药

脖圈——项圈

清早饭——早饭

（喝）汤——晚饭

稀饭——面糊儿

合泡鸡蛋—冲鸡子儿

完亲——结婚

传柬——订婚

架新媳妇里——搀亲太太

吃蜜——吃奶

害玄——害臊

尿泡——小便

谝——夸耀

门面——铺面

掌柜里——老板

卷子——考卷儿

考上了——考取了

打瞎驴儿——捉迷藏

打逮老——打陀螺

搁挤住眼——合上眼睛

仰白脚——仰八脚

雄崩（又叫喷空儿）——谈天

不吭气儿——不说话

不摆——不理

说梯己话——说悄悄话

挨雄——挨说，挨训斥

舔盘——巴结

面了——丢了

当间儿——中间

跟儿干——跟前

今儿——今天

夜儿——昨天

得法——舒服

雄屁蛋——不行,没能耐　　　例:那家伙真是个<u>雄屁蛋</u>。

能——精

暮糊——糊涂

抠索——吝啬

得劲——称心

<u>江江儿</u>——刚

吸呼儿——差一点儿

<u>净汪儿</u>——马上

得故意儿——故意

白——不要　　例:白说了!

净——白　　　例:净叫我空跑一趟。

上——到　　　例:到哪儿去?

雅——从　　　例:雅哪儿来?

（本文发表于《天中学刊》1995年第1期,1997年12月出版发行的《汝南县志·方言篇》全文采用）

驻马店方音说异

　　汉语的方言,是汉民族共同语的地域分支,是从属于汉民族共同语的一种地方变体。驻马店话,是河南话下面的一种土语。它既有自己独具的特点,又与河南话、华北话、甚至整个北方方言保持着较大的一致性,是一种从属于汉民族共同语的较小的地域方言。

　　汉语方言的差异,主要表现在语音上。驻马店话的语音特点是:声母方面,大部分地区不分尖团音,无舌尖后音;韵母方面,带塞音韵尾的入声韵已经消失;声调方面,无中古的入声,现有阴平、阳平、上声和去声四个调类。通观驻马店方音的声、韵、调系统,不难看出,尽管它受到江淮方言、西南方言的影响(如中古知照系与精组合流,今无翘舌音),与普通话读音还有着这样那样的差别,但随着普通话影响的日益扩大,它也正在向汉民族共同语靠拢。这种发展趋势,从尖音的团音化上便可得到有力的证明。

　　语言是人类最重要的交际工具,而方言的分歧无疑会给人们的交际活动带来影响。驻马店人应该熟悉自己方音的特点,认真进行方音辨正,积极学习以北京语音为标准音的普通话,为掌握汉民族共同语,实现现代汉语的规范化作出贡献。

　　本书只是说出驻马店方音问题的特异之点,并未做深入的理论探讨。倘能对驻马店地方推普工作有所裨益,本人必将感到十分荣幸。

一、驻马店方音区的划分

　　如果以分不分尖音与团音、平舌音与翘舌音、h 与 f 作标准,则可把驻马店再分为三个更小的方音区:

1. 驻汝区。包括驻马店市和汝南、平舆、上蔡、西平、遂平、确山、新蔡等七个县。本区不分尖团音，这一点与北京音相同；但除西平、遂平和确山三县西部及新蔡县东部外，都无翘舌音 zh、ch、sh、r，只有平舌音 z、c、s、[z]，这一点却与北京音不同。（按：①驻汝区汝、平、上三县方音有较大的一致性。②驻马店市自 1965 年以来发展较快，受方言集中的影响较大，语音较复杂，这里的划分系以老居民的语音为依据）。

2. 泌阳区。包括泌阳县和西平、遂平、确山三县西部地区。本区分尖团音，这一点与北京音不同；但又分平舌音和翘舌音，这一点与北京音基本相同，只是体系稍有差别。

3. 正阳区。包括正阳县和汝南县南部以及确山县东南部。本区把合口呼韵母前拼声母 h 的字与 f 声母字混读（hu—、f—相混），且无翘舌音，这与北京音不同。

二、驻马店方音的声、韵、调系统

1. 声母表及声母的特点

发音方法 ＼ 发音部位		双唇	唇齿	舌尖中	舌尖前	舌尖后	舌面前	舌根
清塞音	不送气	b[p]		d[t]				g[k]
	送气	p[p']		t[t']				k[k']
鼻音	浊音	m[m]		n[n]				[ŋ]
清塞擦音	不送气				z[ts]	zh[tʂ]	j[tɕ]	
	送气				c[ts']	ch[tʂ']	q[tɕ']	
擦音	清音		f[f]		s[s]	sh[ʂ]	x[ɕ]	h[x]
	浊音				[z]	r[ʐ]		[ɣ]
边音	浊音			l[l]				

说明：

a. 驻马店方音的声母共 24 个，比北京音多 [z] [ŋ] [ɣ] 三个声母。[z] 为驻汝区和正阳区声母，[ŋ] [ɣ] 各区都有。

b. 表内方括号外是与北京音声母相同的驻马店方音声母，方括号里是国际音标。北京音无与 [z] [ŋ̩] [ɣ] 相当的声母，只好单用国际音标表示。

声母特点

①驻汝区和正阳区无翘舌音 zh、ch、sh、r，只有平舌音 z、c、s、[z]。如下表所示。

例字	驻马店方音	北京音	例字	驻马店方音	北京音
朝钊招昭找	[tsɔ]	zhao	烧捎梢稍少	[sɔ]	shao
糟遭枣早澡		zao	臊骚搔扫嫂		sao
之汁支植织	[tsʐ]	zhi	湿诗师失施	[sʐ]	shi
资姿兹孜辎		zi	斯思私司丝		si
抄钞超朝炒	[tsʻɔ]	chao	饶荛绕烧扰	[zɔ]	rao
操糙曹槽草		cao	儒如辱乳汝	[zu]	ru
哧吃笞痴鸱	[tsʻʐ]	chi			
疵慈辞词雌		ci			

②驻汝区汝南、平舆、上蔡三县合口呼韵母（u,u-）前的 s、sh 读 f，但城关另一部分人一律读 s。如下表所示。

例字	驻马店方音	北京音	例字	驻马店方音	北京音
苏酥素速诉	fu(su)	su	刷耍	fa(sua)	shua
缩蓑梭索锁	fo(suo)	suo	朔硕妁烁铄	fo(suo)	shuo
遂随碎穗岁	fei(sui)	sui	衰摔甩率帅	fê[suɛ]	shuai
酸蒜算	fan(suan)	suan	栓拴涮	fan(suan)	shuan
孙榫损	fen(sun)	sun	吮舜瞬顺	fen(sun)	shun
宋送	feng(song)	song	霜孀双爽	fang(suang)	shuang
书叔舒赎殊	fu(su)	shu			

③正阳区合口呼韵母（u,u-）前的 h 读 f（或 hu—、f— 混读）。

例字	驻马店方音	北京音	例字	驻马店方音	北京音
糊乎忽胡虎	fu, hu	hu	挥辉灰回会	fei, hui	hui
夫福浮伏父		fu	非飞妃肥废		fei
花滑华画化	fa, hua	hua	荤昏婚魂混	fen, hun	hun
发乏伐罚法		fa	分纷坟粪奋		fen
怀淮徊槐坏	fai, huai	huai	豁活伙火货	fo, huo	huo
獾欢桓还换	fan, huan	huan	烘轰鸿红宏	feng, hong	hong
番帆烦反犯		fan	封丰峰风凤		feng
荒皇黄谎晃	fang, huang	huang			
方芳房访放		fang			

④泌阳区分尖音和团音。

例字	驻马店方音		北京音	例字	驻马店方音		北京音
迹绩积脊疾	尖	zi	ji	疽雎聚沮	尖	zü	ju
击基激机吉	团	ji		居拘菊句	团	ju	
签千前钱浅	尖	cian	qian	全泉诠痊	尖	cüan	quan
牵铅黔遣欠	团	qian		拳权犬劝	团	quan	
鲜仙先羡线	尖	sian	xian	宣旋选癣	尖	süan	xuan
锨弦贤显现	团	xian		轩玄悬绚	团	xuan	

　　注：分尖团是指古声组精组和见晓组的字在现代细音前有分别。大致说来，齐齿呼韵母 i、i- 和撮口呼韵母 ü、ü- 前拼声母 z、c、s 的音叫尖音，前拼声母 j、q、x 的音叫团音。北京音不分尖团。

⑤齐齿呼韵母（i、i-）和撮口呼韵母（ü、ü-）前的声母 n，驻马店各方音区一律读为舌面前鼻浊音 [ȵ]。

例字	驻马店方音	北京音
妮泥你腻匿	[ȵi]	ni
捏聂蘖镍镊	[ȵiɛ]	nie
鸟裊尿	（一）[ȵiɔ]　（二）[ȵiau]	niao
妞牛扭纽拗	[ȵiou]	niu
拈黏鲇年念	[ȵiɛn]	nian
娘酿	[ȵiaŋ]	niang
女	[ȵy]	nü

注：表内（一）为驻汝区读音；（二）为泌阳区和正阳区读音。

⑥一些 n 声母字，驻马店方音普遍读零声母。

例字	驻马店方音	北京音
霓倪拟逆	yi	ni
凝	ying	ning
牛	[ɤou]	niu
疟虐	[yo]	nüe

注：[ɤou] 为"牛"的白话音，另有读书音 [ȵiou]，见表⑤。

⑦一部分开口呼韵母自成音节时驻马店方音普遍有舌根浊擦音 [ɤ] 声母。

例字	驻马店方音	北京音
蛾俄讹恶愕	[ɤɤ]	e
哀挨皑蔼爱	（一）[ɤɛ]　（二）[ɤai]	ai
熬袄翱媪澳	（一）[ɤɔ]　（二）[ɤau]	ao
讴鸥欧偶藕	[ɤou]	ou

续表

安俺按暗岸	[ɤan]	an
恩摁	[ɤən]	en
肮昂盎	[ɤaŋ]	ang

注：（一）为驻汝区读音；（二）为泌阳区和正阳区读音。

⑧平舌音声母 z、c、s 后拼韵母 e 的字,泌阳区读为翘舌音声母 zh、ch、sh,这说明泌阳区虽分平舌音和翘舌音,但体系与北京音稍有差别。

例字	驻马店方音	北京音
责泽择仄	zhai	ze
策测厕侧册	chai	ce
涩瑟啬穑色	shai	se

⑨零声母 yong 音节字,驻马店各地读音不同：（一）驻汝区读 [z] 声母；（二）泌阳区读 r 声母。

例字	驻马店方音	北京音
庸拥永泳勇涌用	（一）[zoŋ]（二）rong	yong

2.韵母表及韵母的特点

四呼韵类	开口	齐齿	合口	撮口
单韵母		i[i]	u[u]	ü[y]
	a[a]	ia[ia]	ua[ua]	
	[ɔ]	[iɔ]		
	o[o]		uo[uo]	[yo]
	e[ɤ]			

续表

	ê[ɛ]	ie [iɛ]	[uɛ]	üe [yɛ]
	[ɯ]			
	-i[ɿ]			
	-i[ʅ]			
复合韵母	ai[ai]		uai[uai]	
	ei[ei]		uei[uei]	
	ao[au]	iao[iau]		
	ou[ou]	iou[iou]		
鼻音尾韵母	an[an]	ian[iɛn]	uan[uan]	üan[yan]
	en[ən]	in[in]	uen[uən]	ün[yn]
	ang[aŋ]	iang[iaŋ]	uang[uaŋ]	
	eng[əŋ]	ing[iŋ]	ueng[uəŋ]	
	ong[oŋ]	iong[yŋ]		
卷舌韵母	er[ɚ]			

说明：

a. 驻马店方音比北京音多 [ɔ][ɯ][iɔ][ɔɛ][yo] 等 5 个韵母,总共 44 个。

b. 驻汝区有 [ɿ] 无 [ʅ],有 [ɔ] [iɔ] 而无 [au][iau],有 [ɛ] [uɛ] 而无 [ai][uai]（按：[ɔ] [iɔ] [ɛ] [uɛ] 分别是 [au] [iau] [ai] [uai] 的实际读音）。正阳区南部有 [in] [ən] 而无 [iŋ] [əŋ]。泌阳区有 [ɯ]。各区都有 [yo]。

c. 泌阳区的 e[ɤ],与声母 zh、ch、sh、r 构成音节时,舌位偏前,没有北京音的开口度大,故其实际音值可用 [ɤ̣₊] 表示（" . "和"+"是附加符号,". "表示开口度较小,"+"表示舌位偏前。下同）。这和整个河南音是一致的。

韵母特点：

①舌面后半高不圆唇韵母 e,前拼声母 d、t、zh、ch、sh、r、z、c、s 时,驻马店各地读音不同：（一）驻汝区一律读 ê；（二）正阳区一律读 ai,（三）

泌阳区 d、t、z、c、s 后的 e 读 ai, zh、ch、sh、r 后的 e 实际音值是 [ɤ+]（见韵母表注 c）。

例字	驻马店方音	北京音
德得	（一）dê（二）（三）dai	de
特忑	（一）tê（二）（三）tai	te
遮折哲者这	（一）zê（二）zai（三）[tʂɤ+]	zhe
车扯撤彻掣	（一）cê（二）cai（三）[tʂ'ɤ+]	che
奢舌舍设社	（一）sê（二）sai（三）[ʂɤ+]	she
惹喏热	（一）[zɛ]（二）[zai]（三）[ʐɤ+]	re
责泽择仄	（一）zê（二）zai（三）zhai	ze
策测厕侧册	（一）cê（二）cai（三）chai	ce
涩瑟啬穑色	（一）sê（二）sai（三）shai	se

②合口呼韵母 uei，前拼声母 d、t、z、c、s、sh 的字，驻马店各地读音不同：（一）驻汝区和正阳区 d、t、sh 后的 uei 读 ei, z、c 后的 uei 与北京音一致，s 后的 uei 一部分人读 ei, 另一部分人读 uei；（二）泌阳区一律读 ei。

例字	驻马店方音	北京音
堆兑碓对队	（一）dei、（二）dei	dui
颓腿蜕退	（一）tei、（二）tei	tui
嘴醉最罪	（一）zui、（二）zei	zui
崔摧粹翠脆	（一）cui、（二）cei	cui
遂随碎穗岁	（一）fei、sui（二）sei	sui
谁水睡	（一）fei、sei（二）shei	shui

注：sui 音字，汝南、平舆、上蔡三县普遍读 fei，但在汝南城关，另有一部分人读 sui。

③韵母 iong 自成音节的零声母字,驻马店各地读音不同:(一)驻汝区和正阳区读 [zoŋ];(二)泌阳区读 rong(详见声母特点表⑨)。

④合口呼韵母 u- 前拼声母 h 的字,正阳区方音丢失韵头 u,读为开口呼(或 hu-、f- 混读,详见声母特点表③)。

⑤舌面后半高圆唇韵母 o 前拼声母 b、p、m 的少数字,驻马店各地方音不同:(一)驻汝区读 ê 韵母;(二)泌阳区和正阳区读 ai 韵母。

例字	驻马店方音	北京音
泊帛伯舶	(一)bê(二)bai	bo
迫珀魄粕	(一)pê(二)pai	po
陌蓦默脉	(一)mê(二)mai	mo

⑥合口呼韵母 u- 前拼声母 s、sh 的音节,汝南、平舆、上蔡三县方音丢失韵头 u,读为开口呼(韵母 ong 按 ueng 来变化),但城关另一部分人仍读 u- 韵母(除"说"字三县均读 fê 外,其他详见声母特点表②)。

⑦开口呼韵母 ong 前拼声母 s 的一部分字,驻马店方音增加韵头 i,读为齐齿呼韵母 iong〔(一)驻汝区和正阳区为 xiong;(二)泌阳区读为尖音 siong〕。

例字	驻马店方音	北京音
嵩松讼颂诵	(一)xiong(二)siong	song

⑧撮口呼韵母 üe 前拼声母 j、q、x 的一部分字,驻马店各地方音皆读为 üo[yo] 韵母(下有横线的例字尖音区泌阳声母分别为 z[ts]、c[ts']、s[s])。

例字	驻马店方音	北京音
嗟觉攫爵角	[tɕyo],尖音 [tsyo]	jue
榷却鹊雀确	[tɕ'yo],尖音 [ts'yo]	que
削学	[ɕyo],尖音 [syo]	xue

⑨开口呼韵母 e 前拼声母 g、k、h 的少数字,驻马店各方音区一律读合口呼韵母 uo。

例字	驻马店方音	北京音
戈	guo	ge
棵颗科课	kuo	ke
禾和壑	huo	he

⑩韵母 e 前拼声母 g、k、h 的另外少数字,驻马店各地方音不同:驻汝区汝南、平舆、上蔡三县和正阳区读 [ɛ],泌阳区读 ai。

例字	驻马店方音	北京音
革隔嗝膈	(一)[cɛ](二)gai	ge
刻克客	(一)[c'ɛ](二)kai	ke
核阂劾赫	(一)[çɛ](二)hai	he

注:[cɛ] [c'ɛ] [çɛ] 为汝、平、上三县方音的实际读音。

⑪齐齿呼韵母 ie 前拼声母 l 的字,(一)驻汝区读 ê[ɛ] 韵母;(二)泌阳区和正阳区读 ai 韵母。

例字	驻马店方音	北京音
裂猎列烈洌劣	(一)[lɛ](二)lai	lie

注:"劣"字泌阳区读 [lyo]。

⑫韵母 uo 前拼声母 g、h 的少数字,(一)驻汝区读 [uɛ] 韵母;(二)泌阳区和正阳区读 uai 韵母。

例字	驻马店方音	北京音
国帼	(一)[kuɛ](二)guai	guo
或惑获	(一)[xuɛ](二)huai	huo

⑬开口呼韵母 ei 前拼声母 f 的字,泌阳区读齐齿呼 i 韵母。

例　　字	驻马店方音	北京音
非飞妃肥肺废费	fi	fei

⑭ing 韵母字,正阳区南部读 in 韵母。

例字	驻马店方音	北京音
并冰兵禀丙秉	bin	bing
宾斌彬鬓髌摈		bin
乓瓶屏平评凭	pin	ping
拼频品贫聘牝		pin
明鸣名铭命酩	min	ming
民岷闽皿敏抿		min
丁盯顶鼎定订	din	ding
厅听汀停廷庭	tin	ting
拧咛宁泞佞	[ɲin]	ning
您		nin
凌陵零灵令另	lin	ling
鳞临林邻凛吝		lin
京精荆晶景净	jin	jing
禁今金斤谨尽		jin
青轻倾卿庆磬	qin	qing
亲钦侵秦禽勤		qin
兴星形行省幸	xin	xing
辛新心欣信衅		xin

续表

鹰应婴英迎映	in	ying
音因阴银隐引		yin

⑮eng 韵母字正阳区南部读 en 韵母。

例字	驻马店方音	北京音
崩绷迸泵蹦蚌	ben	beng
奔锛本畚笨		ben
烹怦抨彭朋碰	pen	peng
喷盆		pen
蒙虻氓萌猛梦	men	meng
闷门懑焖们		men
封丰风冯讽凤	fen	feng
分焚粉粪愤奋		fen
灯登等蹬凳邓	den	deng
誊滕腾藤疼	ten	teng
能	nen	neng
恁嫩		nen
棱楞冷愣	len	leng
庚羹耕更耿梗	gen	geng
根跟艮亘		gen
坑吭铿	ken	keng
肯垦恳		ken
亨横恒珩桁衡	hen	heng
痕很狠恨		hen

续表

例字		北京音
正争拯整郑政	zen	zheng
臻针真贞珍振		zhen
撑瞠称成呈乘	cen	cheng
嗔忱臣辰陈趁		chen
声生胜升省圣	sen	sheng
深申身神甚慎		shen
扔仍	[zən]	reng
人壬仁忍认任		ren
曾憎增缯赠	zen	zeng
怎		zen
曾层蹭	cen	ceng
参（参差）岑涔		cen
僧	sen	seng
森		sen

⑯合口呼韵母 uan 前拼声母 d、t、n、l、z、c、s 的字，正阳区南部丢失韵头 u，读为开口呼 an。

例字	驻马店方音	北京音
端短断段锻缎	dan	duan
湍抟团	tan	tuan
暖	nan	nuan
峦滦挛孪卵乱	lan	luan
钻攥纂	zan	zuan
蹿汆攒窜篡	can	cuan
蒜祘算	san	suan

⑰韵母 u 前拼声母 zh、ch、sh 的少数字,汝南、平舆、上蔡三县方音读为 uo 韵母。

例字	驻马店方音	北京音
助	zuo	zhu
初楚础	cuo	chu
数	suo,fo	shu

注:fo 为汝、平、上三县方音的另一种读法。

⑱韵母 ei、e 和 a 前拼声母 g、k、h 的极少数字,泌阳区读 [ɯ] 韵母。

例字	驻马店方音	北京音
(一)给(交~)、(二)胳(胳膊)、疙(~瘩)、屹(~蚤)	[kɯ]	(一)gei (二)ge
咳(~嗽),坷(~垃)	[k'ɯ]	ke
(一)黑(~色)、(二)蛤(~蟆)	[xɯ]	(一)hei (二)ha

3. 调类、调值表及声调的特点

古调类	古清浊	例字	驻马店方音		北京音	
			调类	调值	调类	调值
平	清	刚边天偏飞	阴平	24, 23	阴平	55
	浊	穷床时人文	阳平	42,53	阳平	35
上	清	古展口草好	上声	55	上声	214
	次浊	五女老暖有				
	全浊	近市倍社似				
去	清	盖变唱替送	去声	31,312	去声	51
	浊	共阵树岸用				

续表

入	清	屋竹铁却约	阴平	24,23	分派四声	55,35,214,51
	次浊	纳麦物业聂			去声	51
	全浊	局食白舌服	阳平	42,53	阳平	35

声调特点

①驻马店方言的调类有阴平、阳平、上声和去声四种,与北京音相同。

②古平声清声母和浊声母(包括次浊和全浊)两类字,驻马店方音分别读阴平和阳平,与北京音相同。古上声清和次浊声母字,驻马店方音读上声,也与北京音相同。古上声全浊声母和去声(包括清、次浊和全浊声母)字,驻马店方音读去声,还与北京音相同。古入声清和次浊声母字,驻马店方音一律读阴平,而北京音则是古入声次浊声母字读去声,古入声清声母字分别读阴、阳、上、去四种声调;古入声全浊声母字,驻马店方音读阳平,又跟北京音相同。

③驻马店各方音区的阴平都是升调,调值略有差异:驻汝区和正阳区为24,泌阳区为23,都和北京音不同。

④驻马店各方音区的阳平都是降调,调值也略有差异:驻汝区和泌阳区为中降调42,正阳区为高降调53,都和北京音不同。

⑤驻马店各方音区的上声都是高平调,调值55,跟北京音不同。

⑥驻马店各方音区的去声都是低降调,调值略有差异:正阳区为低降升调312,驻汝区和泌阳区均为低降调31,也都与北京音不同。

三、驻马店方音与中古音的关系

语言是发展的。现代汉语的声韵系统是从古代汉语声韵系统那里发展演变来的。我们通过驻马店方音与中古《广韵》音系的对照比校,可以看出它和古汉语声韵系统的历史关系,从中找出历史音变的规律。

1.声母

①中古知组、庄组和章组的字,如知、痴、师、桌、绰、沾、搀、山,今驻汝区(新蔡县东部除外)和正阳音一律读 [ts][ts'][s] 声母,与精组洪音字读音相

同；日母字，除逢止开三支、之、纸、止、志、至韵时读零声母 [ɚ] 外，其他在驻汝区和正阳区一律读 [z] 声母，如：如、汝、扰、人、日、让、若。例字均详见声母特点表①。

②中古精组心母、邪母，庄组生母和章组船母、书母、禅母的合口韵现代洪音字，如：苏、速、书、叔、碎、穗、税，还有庄组生母和章组书母、禅母一部分开口韵字，如：霜、爽、双、朔、数（频数）、硕，今驻汝区汝南、平舆、上蔡三县（主要是农村）方音一律读 [f] 声母，与非组的非、敷、奉各母字读音相同。例字详见声母特点表②。

③中古晓、匣两母的合口韵现代洪音字，如，糊、乎、虎、互、花、华、话，正阳区方音或读 [f] 声母，与非、敷、奉三母字读音相同，或混读。例字详见声母特点表③。

④现代细音前的中古精、见两组字，泌阳区方音不相混（分尖团音）：精组字，如：尖、签、仙，声母为 [ts] [tsʻ] [s]（尖音）；见晓组字，如：间、牵、掀，声母为 [tɕ] [tɕʻ] [ɕ]（团音）。而驻汝区方音则和北京音相同，细音前的精、见两组字声母都读 [tɕ] [tɕʻ] [ɕ]（尖音并入团音）。泌阳分尖团的例字见声母特点表④。

⑤现代细音前的中古泥母字，如：泥、纽、聂、年、娘、宁，驻马店各方音区普遍读 [ȵ] 声母。例字详见声母特点表⑤。

⑥现代细音前的中古疑母字，如：倪、拟、虐、凝、逆，驻马店各方音区普遍读零声母。例字详见声母特点表⑥。

⑦中古疑、影二母开口韵的现代洪音字，如：鄂、哀、熬、欧、安、恩、肮、硬，驻马店各方音区普遍读 [ɣ] 声母。例字详见声母特点表⑦。

⑧中古庄组庄、初、生各母和知组澄母遇梗开二、曾开三陌、职、麦等韵的一些入声字，如：择、泽、窄、责、簀、仄、昃、测、恻、厕、策、册、色、穑、啬，以及生母缉、栉韵开口三等字，如：涩、瑟，今泌阳区方音读 [tʂ] [tʂʻ] [ʂ] 声母。例字详见声母特点表⑧。

⑨中古影组影、云、以各母遇通、梗二摄锺、肿、映、用、梗等韵的合口三等字，如：雍、邕、拥、庸、佣、永、泳、甬、勇、涌、俑、踊、用，今驻汝区方音读 [z] 声母，泌阳区方音读 [z] 声母。

⑩中古精组心、邪二母逢通合三东、锺、用各韵的一部分字，如：嵩、松、讼、颂、诵，今驻汝区和正阳区方音读 [ɕ] 声母。泌阳区方音读 s 声母。

2.韵母

①中古曾开一端组德韵字,如:得、德、特、忒、慝,今驻汝区方音读 [ɛ] 韵母,泌阳区和正阳区读 [ai] 韵母。中古假开三麻、马、祃韵,山开三薛韵,咸开三叶韵和梗开二陌、麦韵,前逢知组、章组和日组各母的字,如:遮、辄、哲、者、浙、车、扯、彻、撤、奢、蛇、舍、社、设、惹、热,今驻汝区方音读 [ɛ] 韵母,正阳区读 [ai] 韵母,泌阳区读 [ɤ̟]。上边提到的中古庄组庄、初、生各母和知组澄母遇梗开二、曾开三陌、职、麦等韵的字,如:责、择、策、册、色、啬,今驻汝区读 [ɛ] 韵母,泌阳区和正阳区皆读 [ai] 韵母。以上例字详见韵母特点表①。

②中古蟹合一端组灰、队、泰、贿各韵的字,如:堆、对、队、兑、推、腿、退、蜕,今驻马店各方音区普遍读开口 [ei] 韵母。中古蟹合一、止合三精组纸、贿、泰、至、灰、队各韵的字,如:嘴、罪、最、醉、崔、催、淬、翠、萃、粹,今驻汝区读合口 [uei] 韵母,而泌阳区则读开口 [ei] 韵母。中古止合三和蟹合一、三支、纸、队、祭、至、脂、旨、真各韵,前逢精组心、邪和章组书、禅各母的字,如:绥、随、碎、岁、祟、遂、穗、谁、水、睡,今驻马店各方音区普遍读开口 [ei] 韵母。参看前边声母特点②和韵母特点②。

③上边所提到的中古通合三、梗合三影、云、以各母锺、肿、梗、映、用等韵的字,如庸、雍、拥、用、永、泳、勇、涌,今驻马店各方音区普遍读 [oŋ] 韵母,与北京音的零声母 [yŋ] 音节读法不同。

④中古晓、匣二母的合口韵现代洪音字,如:呼、花、或、淮、灰、欢、昏、黄、轰,今正阳区方音除"呼"读 fu 外,其它全读开口呼韵母(或混读)。例字详见声母特点表③。

⑤中古梗开二陌韵前逢帮组各母的字,及曾开一德韵的明母字,如:伯、帛、舶、粕、迫、魄、默、陌,今驻汝区方音读 [ɛ] 韵母,泌阳区和正阳区读 [ai]韵母。

⑥中古精组的心母、邪母,庄组的生母和章组的船、书、禅各母,逢山、果、通、遇、宕、止、蟹、臻等摄的合口韵字,如:刷、梭、锁、随、遂、穗、税、水、酸、算、拴、孙、顺、衰、率、送,以及心、书、生、禅各母遇江、宕、梗各摄的一些开口韵字,如:索、铄、朔、数、硕、霜、双、爽,今北京音均读为合口呼韵母,驻汝区汝、平、上三县方音则一律读为开口呼。参看声母特点②和韵母特点②。

⑦上边提到的中古通合三精组心、邪二母东、踵、用各韵的一部分字,

如：嵩、松、颂、诵，今驻马店各地方音普遍读 [yŋ] 韵母。

⑧中古疑母、来母、影母和精、见两组各母逢宕开三药韵和见晓组各母逢江开二觉韵的字，如：虐、疟、掠、略、爵、脚、觉、角、雀、鹊、却、确、学、约、岳、乐，今驻马店各方音区普遍读撮口呼 [yo] 韵母。

⑨中古见晓组见、溪、匣各母遇果合一戈、果、过等韵的一些字，如：戈、科、棵、颗、课、禾、和，今驻马店各方音区普遍读 [uo] 韵母。

⑩中古见晓组各母逢梗开二陌韵、麦韵和曾开一德韵的入声字，如：格、革、隔、膈、刻、克、客、核、劾、赫、吓，今驻汝区汝南、平舆、上蔡三县和正阳区方音都读 [ɛ] 韵母，泌阳区读开口呼 [ai] 韵母。

⑪中古咸开三叶韵，山开三和山合三薛韵的来母入声字，如：猎、列、裂、烈、劣，今驻汝区方音读 [ɛ] 韵母，泌阳区和正阳区读 [ai] 韵母（但"劣"泌阳读 [lyo]）。

⑫中古曾合一德韵和梗合二麦、陌韵前逢见、匣二母的字，如：国、虢、或、惑、获，今驻汝区方音读 [uɛ] 韵母，泌阳区和正阳区读 [uai] 韵母。

⑬中古止合三微、尾、未韵和蟹合三废韵逢非组非、敷、奉各母的字，如：飞、非、妃、肥、匪、废、肺、吠、费，今泌阳区方音读 [i] 韵母。

⑭中古梗开三、梗开四各非入声韵的帮、端、泥、精、影和见、晓等组的字，如：兵、评、明、丁、听、宁、令、京、轻、星、英，今正阳县南部方音读 [in] 韵母。例字详见韵母特点表⑭。

⑮中古梗开二，曾开一、三帮、非、端、泥、精、知、庄、章、日、见、晓及梗开三的知、章诸组各母的非入声字，如：崩、澎、萌、封、灯、滕、能、冷、曾、层、僧、争、称、升、仍、更、坑、恒，今正阳县南部方音读 [en] 韵母。例字详见韵母特点表⑮。

⑯中古山合一端、泥、精诸组各母桓、缓、换韵的非入声字，如：端、短、断、湍、团、暖、峦、乱、钻、攒、窜、纂、酸、算、蒜，今正阳县南部方音读开口 [an] 韵母。例字详见韵母特点表⑯。

⑰中古遇合三庄组鱼、语、御、虞、麌、遇各韵的字，如：助、初、锄、刍、雏、楚、础、梳、疏、数（计也），今驻汝区汝、上、平三县和正阳区方音读 [uo] 韵母（梳、疏、数，汝、平、上三县另一读音为 [fo]）。

⑱中古见晓组开口韵的少数字（多为入声），如：胳（～膊）、给（～你）、疙（～瘩）、咯（～吱）、咳（～嗽）、坷（～垃）、黑（～色）、蛤

（～蟆），今泌阳区方音读 [ɯ] 韵母。

3. 声调

驻马店方音的声调由中古到今天的历史演变，略见于前调类调值表及声调特点说明①、②，这里不再赘述。

总之，驻马店话，作为汉民族共同语的一个较小的地域分支，其语音，从中古演变到今天，和普通话标准音之间，尽管有着明显的差别，但无论在声、韵、调哪个方面，都有着整齐的对应关系。随着现代化建设的大规模展开，祖国的政治、经济和文化必将日益发展，普通话的影响也必将日益扩大，驻马店话也必将日益向普通话靠拢。让我们从社会主义祖国的大局出发，自觉地缩小方言的影响，认真辨正方音，积极学习普通话，努力推广普通话，促进汉民族共同语的发展。

（本文发表于《驻马店师专学报》1986 年第 1 期）

附 录

汝南方言调查资料

主要发音合作人简介

　　吕天长，49岁，汝南城关人。现任汝南县新华书店副经理。原有文化程度：小学毕业。该同志一直生活在汝南，不会说外地话。合口呼韵母前拼声母s、ʂ的两类字，汝南城关有两种读法：一种是把s、ʂ读成f（除单韵母u外，其他韵母都丢失韵头u，变为开口呼）；一种是一律读为s。该同志发前一种音。记音时间：1982年夏。

　　吴英齐，58岁，汝南城关人。职业：泥工。解放前曾在汝南农业实验学校学习。自幼生活在汝南，不会说外地话。对上述两种读法，该同志发后一种音。记音时间：1982年夏。

　　其他合作人还有：汝南师范学校音乐教师付作卿，体育教师王敏。

汝南方言同音字表

　　说明：

　　①此表系按照上面声韵拼合关系表中各组声母与开、齐、合、撮四类韵母的拼合顺序排列。

　　②此表系根据中国社会科学院语言研究所编的《方言调查字表》整理而成，发音合作人不认识或确定不了声调的字，未予列出。声调按发音合作

人实际读音归类。

③有两种读音的字,用横线区别:下划单横线者,为汝南县较普遍的读音;划双横线者,为城关另一部分人的读音。标一个圆点的,为说话音;标多个圆点的,为读书音。

声调 例字 读音	阴平	阳平	上声	去声
pa	八芭疤	拔	把巴	霸爸耙罢
pɔ	包雹褒		保宝堡饱	抱报暴豹爆 刨鲍
po	菠玻钵拨博剥驳	勃薄	簸	薄(薄荷)簸 (簸箕)
pɛ	百柏伯泊	白帛	摆	拜败稗
pei	杯碑卑北悲			贝倍辈背焙 被备
pan	班斑扳般搬		板版	扮瓣办拌伴 半绊
pən	奔锛		本	笨
paŋ	帮邦		榜绑	谤棒蚌
pəŋ	崩			迸
pi		鼻笔毕必逼	彼俾鄙比秕	蔽敝弊币毙蓖 陛闭弼碧壁璧 避臂
piɔ	标膘彪		表	鳔
piɛ	憋	别		

续表

piɛn	鞭编边		贬扁匾	变辨辩汴便辫遍
pin	彬宾槟			殡鬓
piŋ	冰兵		禀丙秉柄饼	病并
pu	不		补卜	布佈怖步部
p'a	帕	爬琶杷		怕
p'ɔ	泡抛剖	袍刨胞	跑	炮泡
p'o	波坡泼	婆	颇	破
p'ɛ	拍魄迫	排牌		派
p'ei	坯披	培陪赔裴		沛配佩
p'an	攀潘	盘		盼判叛
p'ən	喷（喷水）	盆		喷（喷香）
p'aŋ		旁螃滂庞		胖
p'əŋ	烹	朋彭膨棚篷蓬	捧	
p'i	批匹僻辟劈	皮疲脾琵枇庇		痹屁
p'iɔ	飘	瓢嫖	漂（漂白）	票漂（漂亮）
p'iɛ	撇			
p'iɛn	偏	便（便宜）	篇	骗片
p'in	拼姘	贫频	品	聘
p'iŋ		凭平坪评瓶屏萍		

续表

p'u	铺	蒲菩	普脯浦谱朴捕扑仆曝瀑	铺（店铺）
ma	妈抹	麻痲	马码	骂
mɔ		毛茅猫锚矛	卯	冒帽貌茂贸
mo	末沫	魔磨摩馍摹模膜寞莫谋	抹某	磨（磨油）
mɛ	墨默陌麦脉	埋	买	卖迈
mei		梅枚媒煤眉楣媚	每美	妹昧寐
man		蛮瞒馒	满	慢漫幔蔓
mən		门		闷
maŋ		忙芒（光芒）茫盲	莽蟒	
məŋ	虻	萌盟蒙	猛蠓	孟梦
mi	密蜜觅	迷靡	米	谜
miɔ		苗描	藐渺秒	庙妙
miɛ	灭			
miɛn		棉绵眠	免勉娩渑	面缅
min		民	闽悯敏抿皿	
miŋ		鸣明名铭		命
mu	木目穆	模（模子）	亩牡母拇	暮慕墓募牧
fa	法发刷	乏伐筏罚		

续表

fɔ			否	
fo	梭唆莎蓑缩索	勺芍朔	锁琐所	
fɛ	衰摔说			帅率蟀
fei	非飞畫	肥绥随髓遂隧	妃匪水	肺废吠痱费碎岁税穗
fan	翻番酸拴栓	凡帆藩烦繁礬	反	犯泛贬饭范嬎算蒜涮
fən	分孙	坟	粉焚芬纷	粪奋份愤忿顺舜
faŋ	方妨双霜孀	肪芳房防	仿纺访爽	放双（双生）
fəŋ	风枫疯丰讽封蜂	冯锋缝逢	峰苁	凤奉俸缝（门缝）送宋
fu	夫肤麸妇福幅蝠苏酥梳疏蔬书舒输速叔淑	敷俘符扶抚赴讣附浮彿缚服伏殊术述秫熟赎属	府腑俯甫脯斧釜腐辅阜复腹暑署鼠黍庶数蜀	父付赋傅负富副素诉嗉恕薯数竖戍树蜀
ta	搭	答达		
tɔ	刀叨		祷岛倒导	到倒（倒水）道稻盗
tɛ	得德			待怠殆戴贷代袋
tei	堆			对碓队兑
tou	兜		斗抖陡	斗逗豆

tan	耽担丹单		胆掸	担（挑担）淡诞旦但弹
taŋ	当		党挡	当荡宕
təŋ	登灯		等	凳镫邓澄瞪
ti	低滴	笛敌狄籴	底抵嫡	帝弟第递地
ciɔ	刁貂雕		鸟	钓掉调
tiɛ	爹	迭牒蝶谍		
tiou	丢			
tiɛn	掂颠		点典	店电殿奠佃垫
tiŋ	丁钉疔		顶鼎	钉订定
tu	都笃督	独牍犊毒	堵赌肚（猪肚）读拄	垆杜肚度渡镀
tuo	多	夺铎	朵	舵惰垛
tuan	端		短	断锻段缎
tuən	敦墩			顿钝饨遁囤盾沌
tuŋ	东冬		董懂	冻栋洞动
t'a	踏塌塔榻遢獭		他	
t'ɔ	滔掏涛	讨桃淘陶萄		套
t'ɛ	胎苔态特	台抬		太泰
t'ei	推		腿	退蜕
t'ou	偷	头投		透

续表

t'an	贪滩摊	潭谭谈痰檀弹坛	毯坦	探炭叹
t'ən	吞			
t'aŋ	汤	堂棠螳唐糖塘	倘躺	烫趟
t'əŋ		誊腾藤疼		
t'i	梯踢剔堤	提蹄啼匙	体题	替涕剃
t'ɔ	挑	条调（调和）		跳
t'iɛ	帖贴铁			
t'iɛn	添天	甜田填	舔	
t'iŋ	听厅廷庭蜓艇	亭停	挺	听（听其自然）
t'u	秃突	徒屠途涂图	土吐	兔
t'uo	脱讬托拓拖	驼驮椭唾	妥	
t'uan		团		
t'uən		屯豚臀		
t'uŋ	通捅	同铜桐童瞳	桶筒统	痛
na	纳	拿	哪	那
nɔ		铙挠	脑恼	闹
nɛ			乃奶	耐奈
nei				内
nan		南男难		难（患难）
naŋ		囊囔		

nəŋ		能	弄·
nu		奴努	怒
nuo		挪	诺	糯
nuan			暖	
nuŋ		农脓浓		弄
la	拉腊蜡辣			
lɔ		劳捞唠牢	老	涝
lɤ	猎列烈裂劣肋勒	来		赖癞
lei		雷	儡垒累（累积）	累类泪
lou		楼耧	虏篓搂（搂抱）	漏陋
lan	蓝篮榄兰拦栏	揽懒览	烂
laŋ		朗廊狼螂	朗	浪
ləŋ		楞	冷	
li	荔立笠栗力	黎犁隶丽离篱璃梨厘狸吏粒历	礼李里理鲤	例厉励离利痢
lia			俩	
liɔ		燎聊撩辽疗寥瞭	燎（火燎眉毛）了（了结）	廖
liou		流刘留榴硫琉	柳	溜馏六

续表

liɛn		廉镰簾连联 怜莲	敛	敛殓炼楝
lin		林淋临邻 鳞燐	檩	赁吝
liaŋ		良凉量粮 梁粱	两	亮谅辆量
liŋ		陵凌菱灵零 铃伶翎	领岭	令另
lu	鹿禄绿录	卢炉芦陆	鲁橹卤庐	路赂露鹭
luo	裸落烙骆酪洛络 乐略掠啰	骡螺脶		摞
luan		鸾	卵	乱恋
luən		论（论语） 伦沦轮		嫩论
luŋ		笼聋隆	拢陇垅	
ly	捋律率	驴	吕旅缕屡	虑滤
lyŋ		龙		
tsa	渣扎札	杂炸（用油 炸）铡	眨闸	诈榨炸乍
tsɔ	遭糟朝召昭招沼		早枣澡蚤	躁灶皂造罩赵 兆照诏
ʒsɛ	遮灾栽斋摺褶蜇 折浙窄摘蔗	哲蛰辙泽择 宅责	者宰载则	再载（载重）在 债寨

续表

tsʅ	知蜘支枝肢栀资姿咨脂兹滋之芝执汁秩质织职掷只炙梓	置直值植殖姪	紫纸姊旨指子止趾址只	制智自致稚至字痔治志痣
tsei		贼		
tsou	周舟州洲		走肘帚	奏昼宙纣皱绉骤咒邹
tsan	簪沾粘（粘贴）毡		斩瞻盏展攒	暂站蘸占赞绽栈战颤
tsən	针真贞		枕臻诊疹珍斟	振震镇阵侦
tsaŋ	脏赃张章樟		长涨掌	葬藏脏丈仗杖帐账胀瘴障
tsəŋ	曾（姓）增憎赠征蒸争筝睁正（正月）		拯整	证症正政郑
tsu	猪诸诛蛛株朱硃珠竹粥	租组阻卒族逐轴烛嘱触	祖煮主拄	著箸苎註住注蛀柱铸祝
tsua	抓		爪（爪子）	
tsuo	拙作桌卓捉	凿着浊琢啄镯	左佐昨	坐助
tsuɛ				拽
tsuei	追锥		嘴	缀赘醉坠最罪
tsuan	钻专砖		转	赚钻撰转传篆
tsuən	尊遵		准	

续表

tsuaŋ	庄装桩			壮状撞
tsuŋ	棕鬃宗中忠终锺钟盅		总冢种肿	粽综中仲众纵重种
ts'a	差插擦	茶搽查茬察		叉杈岔
ts'ɔ	操抄钞超	曹槽巢朝潮	草炒吵	糙
ts'ɛ	车猜差钗彻厕侧测策册撤	才材财裁豺柴	扯彩采	菜蔡
ts'ʅ	尺赤	雌池差（参差）瓷迟慈磁辞词祠驰	此耻齿疵	刺赐侈翅次持斥
ts'ou	抽	绸稠筹愁仇酬	丑	凑臭嗽
ts'an	参惨搀餐	蚕谗馋缠蝉禅	惭残铲产	灿
ts'ən	参（参差）深	沉岑陈尘辰晨臣娠		趁
ts'aŋ	苍仓	常尝偿长肠场藏	厂	畅倡
ts'əŋ	称撑	曾层澄惩橙承丞乘呈程逞成城诚盛		称蹭秤
ts'u	粗出畜	除储厨猝促	褚处（相处）杵雏	醋处
ts'ou	搓锉初撮	锄	楚础	挫错

续表

ts'uɛ	揣			
ts'uei	吹炊崔催	垂槌锤		脆翠粹
ts'uan	氽窜川穿	传椽船	喘	篡串
ts'uən	村皴椿春	存唇纯醇	忖蠢	寸
ts'uaŋ	疮	床	闯	创
ts'uŋ	聪匆葱囱充	虫重丛	崇宠	
sa	沙纱杀	蛇	洒傻撒萨	厦
sɔ	骚臊梢捎烧	韶绍	扫嫂少稍	扫（扫帚）少邵
sɛ	奢赊腮筛涩瑟塞色啬	蛇佘舌	舍	射麝赦社赛晒涉设射
sʅ	斯厮撕施私师狮尸司思丝诗始湿失识饰适释	匙时十什拾室实食蚀石	死矢屎使史驶	世势誓逝是氏四肆示视嗜似祀巳伺寺嗣饲士仕柿俟试市恃侍式
sei		谁	水	睡
sou	收		叟搜飕守首蒐手	瘦漱兽受寿授售
san	三杉衫珊山删膻扇		陕闪散伞	散疝善扇膳单（姓）
sən	森参身申伸	神	沈审婶	甚葚渗慎肾
saŋ	桑丧（婚丧）商伤	裳	嗓赏晌	上尚丧（丧失）

续表

səŋ	僧升生牲笙甥声	绳	省	剩胜圣盛
su	苏酥梳疏蔬书舒输速叔淑束	殊术述秫熟赎属	署暑黍庶数鼠蜀	素诉嗉恕薯竖戍树
sua	刷			
suo	蓑梭唆莎缩索说	勺芍朔	锁琐所数	数塑（塑料）
suε	衰摔			帅率蟀
suei	虽	绥随髓遂隧		碎岁税穗
suan	酸拴栓			算蒜涮
suən	孙			顺舜
suaŋ	双霜孀		爽	双（双生）
suŋ	松嵩			送宋诵颂讼
zɔ		饶	扰绕	
zɜ	热		惹	
zʅ	日			
zou		柔揉		肉
zan		染冉然燃		
zən		壬任（姓）人仁	忍	任纴刃认
zaŋ		瓤穰	坱壤嚷	让
zəŋ	扔		仍	
zu	入辱褥	如	汝儒乳擩	
zuo	若弱			

续表

zuei				瑞锐
zuŋ	庸雍	荣戎绒融茸容蓉镕	拥永泳咏甬勇涌	用
ŋi		泥	你	匿溺腻
ŋiɔ				尿
ŋiɛ	聂镊摄蹑捏			
ŋiou		牛	纽扭	谬
ŋiɛn		鲇年	拈碾辇	念
ŋiaŋ		娘		
ŋiŋ				宁佞
ŋy			女	
tɕi	缉辑级挤给疾吉鲫戟基积迹脊绩寂击激鸡稽饥肌几机讥	急极籍藉及集	己几	即祭际济剂计继系（系住）寄技妓冀纪记忌既季
tɕia	夹甲胛家加痂家	嘉佳	假贾	假架驾嫁稼价
tɕiɑ	焦蕉椒娇浇交郊缴膠教		骄矫侥绞狡搅饺	轿叫教校较酵窖觉
tɕiɛ	接揭节结皆阶街	捷劫杰截洁	姐解	借介界芥疥戒械
tɕiou	纠灸究咎		酒九久韭	就救旧柩臼舅
tɕiɛn	监尖兼艰间奸煎犍肩坚		减碱奸检俭简柬拣剪践茧	渐剑间（间断）谏件涧箭建键健腱荐溅见

续表

tɕin	今金襟浸津筋禁（禁得住）		锦尽紧仅谨	妗进晋尽劲近禁（禁止）
tɕiaŋ	将浆疆僵缰姜江豇		蒋奖讲糨	酱将桨匠降虹
tɕiŋ	京荆惊精经鲸	睛	境景警井	茎敬竟镜竞净静晶靖颈劲径经（经纬）
tɕy	菊掬足车拘驹橘	剧局据巨拒居距矩	举	句锯聚具惧铸
tɕyo	脚觉饺	爵嚼	角	
tɕyɛ	撅决抉	绝掘		倔
tɕyan	捐		捲	眷卷倦圈（猪圈）
tɕyn	均钧君军			俊菌郡
tɕyŋ			窘迥	
tɕʰi	七漆妻欺期膝	戚齐脐企奇骑歧棋旗祈	启起岂其	泣讫乞砌契器弃气
tɕʰia	掐		恰洽	
tɕʰio	悄敲	樵瞧乔侨桥荞	巧	俏窍
tɕʰiɛ	切且	茄		妾怯
tɕʰiou	秋丘仇（姓）	求球		
tɕʰin	签千迁牵谦铅	前钳乾（乾坤）虔	浅遣	潜欠歉

续表

tɕ'in	亲侵钦	琴禽擒勤芹秦	寝	吣
tɕ'iaŋ	枪腔	墙强	抢羌	
tɕ'iŋ	清青蜻卿擎轻	情晴	顷	亲（亲家）庆磬
tɕ'y	屈曲麴区驱瞿蛆趋	渠	取娶	趣去
tɕ'yo	雀鹊却确榷			
tɕ'yɛ	缺	瘸		
tɕ'yan	圈	全泉拳权颧	犬	劝券
tɕ'yn		群裙		
tɕ'yŋ	倾	琼穷		
ɕi	息悉熄惜昔夕西析锡犀吸奚溪浠牺熙稀	习媳席	洗袭玺徙喜	细系戏
ɕia	瞎虾	狭峡匣辖暇霞瑕		吓（吓一跳）下夏厦
ɕiɑ	肖消宵霄硝销萧箫嚣		小晓肴淆	笑孝效校鞘
ɕiɛ	屑血歇蝎	邪斜协谐鞋携	写些	泄泻卸谢懈解蟹
ɕiou	修羞休		朽	秀绣锈袖嗅
ɕian	仙鲜先掀	咸闲贤弦衔	险嫌显	线羡陷馅限苋宪献现

续表

ɕin	心辛新薪衅欣馨			信
ɕiaŋ	箱厢襄镶香乡	详祥降	想享响	相象橡湘向 项巷
ɕiŋ	星腥兴	行形型刑荥	省（反省）醒	兴幸
ɕy	恤肃宿戌粟须虚 嘘蓄畜（畜牧）需	俗徐许		续序叙绪絮婿
ɕyo	削	学		
ȝyɤ	薛靴	穴		
ɕyan	宣喧轩	旋玄悬眩	选癣	镟
ɕyn	熏勋薰	寻逊荀旬殉 迅巡循	损笋榫	训讯
ŋyɤ	兄胸凶松嵩	雄熊		诵颂讼
kɔ	高膏篙羔糕		稿	告
kɤ	歌鸽蛤割葛各阁 胳搁	搁（搁不住）	哥	个
kɛ	该		改	概溉盖丐
kei	给			
kou	勾钩沟购构		狗苟	够
kan	甘柑干肝竿		感敢橄杆秆赶	
kən	跟根			
kaŋ	冈刚纲钢缸		岗	
kəŋ	更庚羹耕		哽埂梗耿	更

kiɛ	格革隔			
ku	谷骨姑孤箍		古估股鼓	故固锢雇顾
kua	瓜刮		刮剐寡	挂卦
kuo	郭过锅		果裹戈	过
kuɛ	国乖		拐	怪
kuei	圭规龟轨		诡癸	桂跪柜
kuan	官棺关观冠鳏		管	贯灌罐观（寺观）惯冠（冠军）
kuən	闺		滚	棍
kuaŋ	光		广	逛
kuŋ	工公蚣功攻弓躬宫恭		汞巩	贡共供
k'ɔ			考烤	靠犒
k'ɤ	渴磕		可	
k'ɛ	开		凯揩楷	慨
k'ou	抠		口	扣寇
k'an	堪		坎砍刊勘	看
k'ən			垦恳肯	
k'aŋ	康糠		慷	抗炕
k'əŋ	坑			
k'iɛ	客克刻（雕刻）	刻（时刻）咳		
k'u	哭窟枯酷		苦	库裤

续表

k'ua	夸			跨
k'uo	括阔廓扩科棵颗			课
k'uɛ				刽块蒯快筷会（会计）
k'uei	亏盔	魁傀窥逵葵奎		愧
k'uan	宽		款	
k'uən	昆坤		捆	困
k'uaŋ	匡筐眶	狂		旷况矿
k'uŋ	空		孔恐	控空（空缺）
xɔ	蒿薅	豪壕毫浩	好	好耗号
xɤ	喝郝	何合盒荷河		鹤贺荷（薄荷）
xɛ		孩核骇	海	亥害
xou	吼	侯喉猴瘊		后厚候
xan	憨酣鼾	含函寒韩	喊	憾撼罕旱汉汗焊翰
xən			很	痕恨
xaŋ	夯	行航杭		
xəŋ	亨	恒衡		杏
xiɛ	黑赫嚇			
xu	呼乎忽	胡湖浒狐	虎	斛户护
xua	花	华滑铧划		划化画话

续表

xuo	豁霍藿劐	活和禾	火伙	货
xuɛ		或惑获怀槐淮		坏
xuei	灰恢	回茴	毁	贿悔晦汇会绘惠慧秽溃（溃浓）
xuan	欢	桓还环	缓	唤焕换幻患
xuən	昏婚荤	魂馄浑	混	
xuaŋ	荒慌	黄簧皇蝗	谎晃	
xuŋ	轰烘轰	弘宏红洪鸿虹	哄	横
ɤa	啊			
ɤɔ		熬	袄	傲嗷鳌奥懊（懊悔）
ɤɤ	恶	鄂蛾鹅俄讹		饿
ɤɛ	哀挨（挨近）	捱（捱打）	额扼轭埃蔼矮隘	碍艾爱
ɤou	欧殴瓯呕	牛	藕偶	沤
ɤan	安庵鞍			暗岸按案
ɤən	恩			
ɤaŋ	肮	昂		
ɤəŋ				硬
ə		儿	尔而耳饵	二贰

续表

i	一揖医衣依	翼逸益抑逆亦译疫役倪移伊夷姨肄疑拟饴毅异己以	乙椅倚	忆亿易液腋艺缢宜仪蚁谊义议意
ia	压押鸭鸦丫（丫头）	牙芽衙	雅哑涯	轧亚
ɑi	妖邀腰要么杳	摇谣窑姚尧	舀咬	要耀跃鹞
iɛ	叶页业孽噎	爷	也野耶	夜
iou	忧优悠幽	尤邮由油游犹	有友酉	又右祐莠诱釉幼
iɛn	淹阉醃腌焉烟燕（燕京）	炎盐阎严簷颜言沿	掩眼演研	厌验艳焰雁晏延筵谚堰砚燕（燕子）
in	音阴因姻殷	吟淫银寅	饮引隐尹	饮（饮牛）印
iɑŋ	央秧殃映	羊洋杨阳扬疡	仰养痒	样
iŋ	鹰莺鹦樱英婴缨	凝蝇迎盈赢营萤颖	影映	应
u	物屋乌污巫诬	勿吴蜈无	五伍午武舞	误悟恶务雾
ua	挖袜蛙窐		瓦	
uo	握沃倭踒（踒住脚）窝		我	卧
uɛ	歪			外

续表

uei		为（作为）	危伪委维惟唯微娓	卫为（为什么）位未味
uan	弯豌剜湾	完丸玩顽	晚皖碗腕挽宛	万
uən	温瘟	文纹蚊闻	稳吻刎	问
uaŋ	汪	亡王芒（麦芒儿）	网往	妄忘望枉旺
uəŋ	翁			甕
y	狱欲浴淤迂域	鱼渔余愚虞盂榆逾	语于与雨宇禹羽	郁育玉御誉预豫遇吁芋喻裕娱愉寓
yo	约药疟虐钥岳乐			
yɛ	悦阅月越曰粤			
yan	冤渊	园员缓原源元袁辕援	阮远	院愿怨
yn	晕	匀云	允	运孕韵闰润

汝南方言的词汇

一、天文

月奶奶 yɛ²⁴ nɛ⁵⁵ nɛ　　　　月亮

晒里慌 sɛ³¹² li xuaŋ　　　　阳光太强,有点受不了

滴点儿 ti²⁴ tiar⁵⁵　　　　天空滴下零星雨点

劈雷火闪 pʻi²⁴ lei⁴² xuo⁵⁵ san⁵⁵　　雷电交加的景象

黑云陡暗 xei²⁴ yn⁴² tou⁵⁵ ɣan³¹²　　形容乌云密布的景象

打闪 ta⁵⁵ san⁵⁵　　　　天空亮起闪电

鹅毛大雪 ɣɣ⁴² mɔ⁴² ta³¹² ɕyɛ²⁴　　鹅毛雪

冰冰条儿 piŋ²⁴ piŋ tʻiɔr⁴²　　冰锥儿

地翻身 ti³¹² fan²⁴ sən²⁴　　指地震

二、地理、方位

1. 乡政府所在地

红旗 xuŋ⁴² tɕʻi⁴²　　　　光明 kuaŋ²⁴ miŋ⁴²

红光 xuŋ⁴² kuaŋ²⁴　　　　水屯 fei⁵⁵（sei⁵⁵）tʻuən⁴²

三桥 san²⁴ tɕʻiɔr⁴²　　　张岗 tsaŋ²⁴ kaŋ⁵⁵

韩庄 xan⁴² tsuaŋ　　　　余店 y⁴² tiar³¹²

王桥 uaŋ⁴² tɕʻiɔr⁴²　　　马乡 ma⁵⁵ ɕiaŋ

张楼 tsaŋ²⁴ lour⁴²　　　　官庄 kuan²⁴ tsuaŋ

金铺 tɕin²⁴ pʻu³¹²　　　　舍屯 sɛ⁵⁵ tʻuən⁴²

留盆 liou⁴² p'ən⁴²

板店 pan⁵⁵ tiar³¹²

王岗 uaŋ⁴² kaŋ⁵⁵

2. 城关附近的大队和村庄

东：东风 tuŋ⁵⁵ fəŋ⁵⁵

大石庄 ta³¹² sʅ⁴² tsuãr²⁴

新生 ɕin²⁴ səŋ²⁴

赵桥 tsɔ³¹² tɕ'iɔr⁴²

马杨庄 ma⁵⁵ iaŋ⁴² tsuãr²⁴

纪庄 tɕi³¹² tsuãr²⁴

许庄 ɕyɛ⁴² tsuãr²⁴

南：三里庄 san²⁴ li⁵⁵ tsuãr²⁴

孔王 k'uŋ⁵⁵ uaŋ⁴²

杨刘庄 iaŋ⁴² liou⁴² tsuãr²⁴

三里店 san²⁴ li⁵⁵ tiar³¹²

付楼 fu³¹² lour⁴²

魏庄 u ei³¹² tsuãr²⁴

郭庄 kuo²⁴ tsuãr²⁴

罗庄 luo⁴² tsuãr²⁴

坟塔 fən⁴² t'ar

前马庄 tɕ'iɛn⁴² ma⁵⁵ tsuãr

东马庄 tuŋ²⁴ ma⁵⁵ tsuãr²⁴

西：十里铺 sʅ⁴² li⁵⁵ p'u³¹²

宋庄 suŋ³¹² tsuãr²⁴

任庄 zən⁴² tsuãr²⁴

孔庄 k'uŋ⁵⁵ tsuãr²⁴

北：大付庄 ta³¹² fu³¹² tsuãr²⁴

菜园王 ts'ɛ³¹² yar⁴² uaŋ⁴²

六里庄 liou³¹² li⁵⁵ tsuãr²⁴

杨海 iaŋ⁴² xar⁵⁵

王岗庄 uaŋ⁴² kaŋ⁵⁵ tɛuãr²⁴

和孝 xuo⁴² ɕiɔ³¹²

常兴 ts'aŋ⁴² ɕiŋ²⁴

大王庄 ta³¹² uaŋ⁴² tsuãr²⁴

胡庄 xu⁴² tsuãr²⁴

张庄 tsaŋ²⁴ tsuãr²⁴

六六湾 lu²⁴ luuar²⁴

小吴庄 ɕiɔ⁵⁵ u⁴² tsuãr²⁴

刘庄 liou⁴² tsuãr²⁴

邓庄 təŋ³¹² tsuãr²⁴

银洼 in⁴² uar³¹²

王塘 uaŋ⁴² t'ãr⁴²

小刘庄 ɕiɔ⁵⁵ liou⁴² tsuãr²⁴

王免庄 uaŋ²⁴ miɛn⁵⁵ tsuãr²⁴

蔺庄 lin³¹² tsuãr²⁴

陈庄 ts'ən⁴² tsuãr²⁴

潘庄 p'an²⁴ tsuãr²⁴

王庄 uaŋ⁴² tsuãr²⁴

李庄 li⁵⁵ tsuãr²⁴

和尚庄 xuo⁴² saŋ tsuãr²⁴

大石庄 ta³¹² sʅ⁴² tsuãr²⁴

神仙洞 sən⁴² ɕiɛntũr³¹²

肖庄 ɕiɔ²⁴ tsuãr²⁴

半截塔 pan³¹² tɕiɛr⁴² t'a²⁴

杨塘 iaŋ⁴² t'ãr⁴²

井湾 tɕiŋ⁵⁵ uar²⁴

祝湾 ts u³¹² uar²⁴

前进 tɕ'iŋ⁴² tɕin³¹²

胡后 xu⁴² xou³¹²

小付庄 ɕio⁵⁵ fu³¹² tsuãr²⁴ 王耀庄 uaŋ⁴² io³¹² tsuãr²⁴

马潭 ma⁵⁵ tʻan⁴² 马回庄 ma⁵⁵ xuei⁴² tsuãr²⁴

楚庄 tsʻu⁵⁵ tsuãr²⁴ 付庄 fu³¹² tsuãr²⁴

马湾 ma⁵⁵ uar²⁴ 老祖庄 lɔ⁵⁵ tsu⁵⁵ tsuãr²⁴

洪庄 xuŋ⁴² tsuãr²⁴ 张彦庄 tsaŋ²⁴ iɛn³¹² tsuãr⁴²

桂庄 kuei³¹² tsuãr²⁴

3. 城关附近的河、湖、桥、闸

汝河 zu⁵⁵ xɤ⁴² 刘大桥 liou⁴² ta³¹² tɕʻio⁴²

臻头河 tsən⁵⁵ tʻouxɤ⁴² 三门闸 san²⁴ mən⁴² tsa⁵⁵

宿鸭湖 ɕy²⁴ ia²⁴ xu⁴²

4. 其他处所

巷儿 ɕiãr³¹² 胡同

坡儿 pʻor²⁴ 地方

跟儿干 kər²⁴ kan 跟前

顶上 tiŋ⁵⁵ saŋ 指高处

当间儿 taŋ²⁴ tɕia r 中间

大门干 ta³¹² mər⁴² kan 大门外

坟地 fən⁴² ti³¹² 坟园

捎近路 sɔ²⁴ tɕin³¹² lur³¹² 捷近路

三、时间

今儿 tɕiər²⁴ 今天

明儿 mĩr⁴² 明天

后儿 xour²³¹ 后天

前儿 tɕʻiɛr⁴² 前天

大前儿 ta³¹² tɕʻiɛr⁴² 前三天

大后儿 ta³¹² xour³¹² 后三天

见天 tɕiɛn³¹² tʻiɛn²⁴ 每天

夜儿 iɛr³¹² 昨天

清早 tɕʻiŋ²⁴ tsɔ⁴² 早晨

白儿里 pɛr⁴² li 白天

晌午 saŋ⁴² u　　　　　　　　　中午

摸黑儿 mo²⁴ xiɛr²⁴　　　　　　天黑后继续干活或走路

黑老 xiɛ²⁴ lɔ　　　　　　　　　夜里

基年 tɕi²⁴ ŋiɛn⁴²　　　　　　　今年

过年 kuo³¹² ŋiɛn　　　　　　　明年

过年 kuo³¹² ŋiɛn⁴²　　　　　　过春节

年头里 ŋiɛn⁴² tʼou⁴² li　　　　去年最后一段时间

年时个 ŋiɛn⁴² ʂɿkɤ　　　　　　去年

年把儿 ŋiɛn⁴² par⁵⁵　　　　　或多或少约一年

月把儿 yɛ²⁴ par⁵⁵　　　　　　个把月

过春节 kuo³¹² tsʻuən²⁴ tɕiɛ²⁴　过年

挨黑儿 ɣɛ²⁴ xiɛr²⁴　　　　　　傍晚

秋里 tɕʻiou²⁴ li　　　　　　　　秋天

后秋里 xou³¹² tɕʻiou²⁴ li　　　深秋时候

起先 tɕʻi⁵⁵ ɕiɛn²⁴　　　　　　当初

江江儿 tɕiaŋ²⁴ tɕiãr²⁴　　　　刚才

净汪儿 tɕiŋ³¹² uãr²⁴　　　　　马上

趁早儿 tsʻən³¹² tsɔr⁵⁵　　　　抓紧时间早点办

多儿 tuor²⁴　　　　　　　　　什么时候

多会儿 tuo²⁴ xuer　　　　　　已有好长时间

五月当午 u⁵⁵ yɛ taŋ²⁴u　　　　端阳

五黄六月 u⁵⁵ xuaŋ⁴² lu²⁴ yɛ　农历五六月间大热天

实冻腊月 ʂɿ⁴² tuŋ³¹² la²⁴ yɛ　农历十二月

四、农事

车轱轮子 tsʻɛ²⁴ kuluən²⁴ tsɿ　车轮

碓碓窑儿 tei³¹² teiiɔr⁴²　　　　碓

老绑 lɔ⁵⁵ paŋ⁵⁵　　　　　　　筥帚

篮子 lan⁴² tsɿ　　　　　　　　筐子

活褉儿 xuo⁴² kʻuer³¹²　　　　（打）活结

耢石 lɔ³¹² ʂɿ　　　　　　　　连在石磙后以加强碾压的扁平石块

笮头 luo⁴² t'ou 用竹子或枝条编成的大篮子

战带 tsan³¹² tɛ 干重活儿常勒的宽腰带

犋子 tɕy³¹² tsʅ 牲口配成套的单位词

扎脖儿 tsa²⁴ por⁴² 套在马、骡脖子上以便于其拖拉的物件

杀芝麻 sa²⁴ tsʅ²⁴ ma 收割芝麻

倒粪 tɔ³¹² fən³¹² 把粪块砸碎以便施肥的活儿

捞粪 lɔ³¹² fən³¹² 往地里送肥料

五、植物

麦芒儿 mɛ²⁴ uãr⁴² 麦纤子

包谷 pɔ²⁴ ku 玉米

蜀黍 fu⁴² fu 高粱

豆子 tou³¹² tsʅ 黄豆

地瓜、酥瓜 ti³¹² kua、fu²⁴ kua 菜瓜

广椒 kuaŋ⁵⁵ tɕiɔ²⁴ 辣椒

红萝卜 xuŋ⁴² luo⁴² pu 胡萝卜

葵果 k'uei⁴² kuo 向日葵

甜甜牙 t'iɛn⁴² t'iɛnia⁴² 枸杞

鹅儿食 ɣɤ⁴² əsʅ⁴² 蒲公英

车轱轮子棵 ts'ɛ²⁴ kuluən²⁴ tsʅk'uo²⁴ 车前草

蒜瓣儿 fan³¹² par³¹² 蒜

落生 luo²⁴ səŋ²⁴ 落花生

大麻籽 ta³¹² ma²⁴ tsʅ⁵⁵ 蓖麻

辣疙瘩 la²⁴ kɤ²⁴ ta 芥菜

狗儿秧 kour⁵⁵ iaŋ²⁴ 喇叭花类蔓生植物,叶可食

苦槐 k'u⁵⁵ xuɛ⁴² 家槐

花骨朵儿 xua²⁴ ku²⁴ tuor 花蕾

蓑草 fo²⁴ ts'ɔ（suo²⁴ ts'ɔ） 三棱草

洋槐树 iaŋ⁴² xuɛ⁴² fu 刺槐

榆钱子 y⁴² tɕ'iɛntsʅ 榆树的花果

麦秸 mɛ²⁴ tɕiɛ 打罢麦留下的麦秆

六、动物

马驹子 ma⁵⁵ tɕɤ²⁴ tsʅ   小马

儿马子 ɚ⁴² ma⁵⁵ tsʅ   公马

牤牛 maŋ²⁴ ɣou⁴²   公牛

牛犊子 ɣou⁴² tu⁴² tsʅ   小牛

老犍 lɔ⁵⁵ tɕiɛn²⁴   骟过的公牛

水牛 fei⁵⁵（sei⁵⁵）ɣou   善在水田里耕作的牛

寿牛 sou³¹² ɣou   母牛

叫驴 tɕiɔ³¹² ly   公驴

草驴 ts'ɔ⁵⁵ ly   母驴

驴娃子 ly⁴² ua⁴² tsʅ   小驴

猪娃子 tsu²⁴ ua⁴² tsʅ   小猪、猪崽

壳篓子 k'ɤ⁴² lou tsʅ   半大的猪

改吊 kɛ⁵⁵ tiɔ   生过小猪后又被骟了的母猪

水羊 fei⁵⁵ iaŋ⁴²   母山羊

老臊胡 lɔ⁵⁵ sɔ²⁴ xu   公山羊

羯子 tɕiɛ²⁴ tsʅ   骟过的公羊

牙狗 ia⁴² kou   公狗

郎猫 laŋ⁴² mɔ   雄猫

咪猫 mi⁵⁵ mɔ   雌猫

扁嘴子 piɛn⁵⁵ tsuei⁵⁵ tsʅ   鸭

水扁嘴子 fei⁵⁵ piɛntsuei⁵⁵ tsʅ   野鸭

促串 ts'u⁴² ts'uan   蚯蚓

灶狗子 tsɔ³¹² kou⁵⁵ tsʅ   蟋蟀

麻即了儿 ma⁴² tɕiliɔr²⁴   蝉

爬叉皮 p'a⁴² ts'ap'i⁴²   蝉蜕

火头 xuo⁵⁵ t'ou   黑鱼

大头鲢子 ta³¹² t'ou⁴² liɛn⁴² tsʅ   草鱼

团鱼 t'uan⁴² y   鳖

小虫儿 ɕiɔ⁵⁵ ts'ũr⁴²   麻雀

刀螂 tɔ²⁴ laŋ⁴² 　　　　　　　　螳螂

土鳖子 t'u⁵⁵ piɛ²⁴ tsʅ 　　　　　　土元

放屁虫儿 faŋ³¹² p'i³¹² ts'ūr⁴² 　　班蝥

麻喳子 ma⁴² tsa⁴² tsʅ 　　　　　　喜鹊

老鸹 lɔ⁵⁵ kua 　　　　　　　　　乌鸦

老等 lɔ⁵⁵ təŋ⁵⁵ 　　　　　　　　站在水里等鱼吃的水鸟

虫蚁儿 ts'uŋ⁴² iər 　　　　　　　泛指鸟类

泥巴狗子 ŋ̟i⁴² pakou⁵⁵ tsʅ 　　　泥鳅

长虫 ts'aŋ⁴² ts'uŋ 　　　　　　　蛇

青水彪 tɕ'iŋ²⁴ fei⁵⁵ piɔ²⁴ 　　　在水上游动的蛇

蚂鳖 ma⁵⁵ piɛ 　　　　　　　　水蛭

蛤蟆骨子 xa⁴² maku²⁴ tsʅ 　　　蝌蚪

丁丁 tiŋ²⁴ tiŋ 　　　　　　　　青蜓

雁蝙蝠 ian³¹² piɛn²⁴ fu²⁴ 　　　蝙蝠

猫儿头 mɔr⁴² t'ou⁴² 　　　　　　猫头鹰

七、房屋、器具、衣物

当门儿里 taŋ²⁴ mər⁴² li 　　　　外屋

影背墙 iŋ⁵⁵ bei³¹² tɕ'iaŋ⁴² 　　　影壁

牛屋 ɣou⁴² u²⁴ 　　　　　　　　养牛的屋子

外先 uɛ³¹² ɕiɛn 　　　　　　　　屋外

过道儿 kuo³¹² tɔr³¹² 　　　　　　建筑物之间或内部的通道

脊檩 tɕi²⁴ lin⁵⁵ 　　　　　　　　屋脊上较粗实的檩条

门嵌儿 mən⁴² tɕ'iar³¹² 　　　　　门坎儿

灶火 tsɔ³¹² xuo 　　　　　　　　厨房

茅厕（又叫后园儿）mɔ⁴² tsʅ（xou³¹² ɣar⁴²）　　厕所

厨柜 ts'u⁴² kuei³¹² 　　　　　　碗橱

锅底里 kuo²⁴ ti⁵⁵ li 　　　　　　锅灶内部

灶头子 tsɔ³¹² t'ou⁴² tsʅ 　　　　用秫秸编成的盛馍的器具

窜烟筒 t'suan²⁴ ian²⁴ t'uŋ⁵⁵ 　　烟囱

暖水瓶 nuan⁵⁵ fei⁵⁵ p'iŋ⁴² 　　　茶瓶

洋碱 iaŋ⁴² tɕiɛn⁵⁵ | 肥皂

调勺儿 t'io⁴² for⁴² | 羹匙

蒜碓碓 fan³¹² tei³¹² tei | 蒜臼子

顶顶子 tiŋ⁵⁵ tiŋtsʅ | 顶针儿

攘子 naŋ⁵⁵ tsʅ | 匕首

练床子 liɛn³¹² ts'uaŋ⁴² tsʅ | 乘凉用的小床

陀螺子 t'uo⁴² luotsʅ | 合线锤

剃头挑子 t'i³¹² t'ou⁴² t'io²⁴ tsʅ | 走村串户的理发员用的担子

兜兜儿 tou²⁴ tour | 小孩儿护肚的布巾

门搭吊儿 mən⁴² ta²⁴ tior | 门鼻上的铁链条儿

灯捻子 təŋ²⁴ ŋiɛn⁵⁵ tsʅ | 灯芯

衣裳 i²⁴ saŋ | 衣服

大氅 ta³¹² ts'aŋ²⁴ | 大衣

鞋曳拔儿 ɕiɛ⁴² iɛ²⁴ par⁴² | 鞋提跟儿

小手巾儿 ɕio⁵⁵ sou⁵⁵ tɕiər | 手绢儿

脖圈 puo⁴² tɕ'yan | 项圈

挖耳勺儿 ua²⁴ ɚ⁵⁵ for⁴² | 耳挖子

布袋儿 pu³¹² tɛr | 兜儿

裤衩子 k'u³¹² ts'a⁵⁵ tsʅ | 裤头儿

汗褂子 xan³¹² kua³¹² tsʅ | 汗衫

漆灰 tɕ'i²⁴ xui | 烟熏过的黑灰尘

针脚 tsən²⁴ tɕyo | 缝衣服时两个针眼儿间的距离

手箍子 sou⁵⁵ ku²⁴ tsʅ | 戒指

印花儿 in³¹² xuar²⁴ | 印花税票

洋车子 iaŋ⁴² ts'ɛ²⁴ tsʅ | 自行车

羊肚手巾 iaŋ⁴² tu³¹² sou⁵⁵ tɕin | 毛巾

烟嘴子 iɛn²⁴ tsuei⁵⁵ tsʅ | 噙在嘴里吸烟的用具

砚汪 iɛn³¹² uaŋ | 砚台

卫生丸儿 uei³¹² səŋ²⁴ uar⁴² | 樟脑丸儿

八、称谓

老太 lɔ⁵⁵ tʻɛ³¹²	曾祖父母
爷 iɛ⁴²	祖父
奶 nɛ⁵⁵	祖母
达 ta⁴²	父亲
达 ta²⁴	伯父或叔父
大爷 ta³¹² iɛ	伯父
娘 ȵiaŋ⁴²	母亲
娘 ȵiaŋ²⁴	姑
长里 tsaŋ⁵⁵ li	长相，相貌
仿 faŋ⁵⁵	像：这孩子长哩仿他达。
姥爷 lɔ⁵⁵ iɛ	外祖父
姥儿 lɔr⁵⁵	外祖母
外甥儿 uɛ³¹² sə̃r	外孙儿或外甥儿
外甥女儿 uɛ³¹² sənȵyər⁵⁵	外孙女儿或外甥女儿
闺女 kuən²⁴ ȵy	女儿
老丈人 lɔ⁵⁵ tsaŋ³¹² zən	岳父
大伯子哥 ta³¹² pɛ²⁴ tʂʅkɤ⁵⁵	丈夫的兄长
内弟 nei³¹² ti³¹²	妻子娘家弟弟
老婆 lɔ⁵⁵ pʻo⁴²	妻
老婆子 lɔ⁵⁵ pʻo⁴² tsʅ	婆婆
后爹 xou³¹² tiɛ²⁴	继父
后娘 xou³¹² ȵiaŋ⁴²	继母
破小子 pʻo³¹² ɕio⁵⁵ tsʅ	男孩子
小妮儿 ɕio⁵⁵ ȵiər²⁴	女孩儿
老闺女 lɔ⁵⁵ kuən²⁴ ȵy	老姑娘
老娘婆 lɔ⁵⁵ ȵiaŋ⁴² pʻo⁴²	收生婆
妗子 tɕin³¹² tsʅ	舅母
花婶儿 xua²⁴ sər⁵⁵	最小叔父的妻子
爷儿们 iɛr⁴² mən	男子长辈与晚辈之间的亲热称呼

娘儿们 ŋiãr⁴² mən   指已婚女子

媳子 ɕi⁴² tsʅ   对已婚女子的不敬之称

老大 lɔ⁵⁵ ta³¹²   兄弟姐妹中年龄最大的

老末 lɔ⁵⁵ mo²⁴   兄弟姐妹中年龄最小的

孩子乖 xɛ⁴² tsʅ kuɛ²⁴   对晚辈的称呼

外头人 uɛ³¹² tʼou zən⁴²   已婚妇女的丈夫

屋里人 u²⁴ lizən⁴²   已婚男人的妻子

长辈儿 tsaŋ⁵⁵ per³¹²   指辈份较高的人

晚辈儿 uan⁵⁵ per³¹²   指辈份较低的人

打光棍儿 ta⁵⁵ kuaŋ²⁴ kuər⁴²   指长期未婚的成年男子

寡汉条子 kua⁵⁵ xan³¹² tʼɔi⁴² tsʅ   指当婚而未婚的男子

睁眼儿瞎子 tsən²⁴ iar⁵⁵ ɕ ia²⁴ tsʅ   指不识字的人

瞎话篓子 ɕia²⁴ xua⁴² lou⁵⁵ tsʅ   指爱说谎话的人

一路儿 i⁴² lur³¹²   同路人

独个儿 tu⁴² kɤr³¹²   单独一人

泥巴匠 ŋi⁴² patɕiaŋ³¹²   瓦匠

剃头里 tʼi³¹² tʼou⁴² li   理发员

老粗儿 lɔ⁵⁵ tsʼur²⁴   土包子,指没文化的人

九、人体、饮食、健康

恶拉盖儿 ɤɤ²⁴ lakɛr³¹²   额

光屁股 kuaŋ²⁴ pʼi³¹² ku   裸体

呼咽门子 xu²⁴ iɛnmən⁴² tsʅ   囟门

脑门子 nɔ⁵⁵ mən⁴² tsʅ   头骨弥合处

头把子 tʼou⁴² pa³¹² tsʅ   后脑勺

腮帮子 sɛ²⁴ paŋ²⁴ tsʅ   脸颊

胡咙 xu⁴² luŋ   喉咙

牙花子 ia⁴² xua²⁴ tsʅ   牙龈

妈儿（又叫蜜）mar²⁴（mi²⁴）   乳房

肚妈脐子 tu³¹² matɕʼi⁴² tsʅ   肚脐

拨老盖儿 po²⁴ lɔ⁵⁵ kɛr³¹²   膝盖

贼拇指 tsei⁴² mutsʅ²⁴　　　　　无名指

左胳拉子 tsuo⁵⁵ kɤla⁴² tsʅ　　　左撇子

耳眵 ə⁵⁵ tsʅʻ　　　　　　　　　耳屎

嘴水 tsuei⁵⁵ fei⁵⁵　　　　　　哈拉子

连面胡儿 l iɛn⁴² miɛn³¹² xur⁴²　连鬓胡子

肋叉子 lɛ²⁴ tsʻa²⁴ tsʅ　　　　　肋窝

光脚 kuaŋ²⁴ tɕyor²⁴　　　　　赤脚

汗淋子 xan³¹² lintsʅ　　　　　齐眉穗儿

清早饭 tɕʻiŋ²⁴ tsɔfan³¹²　　　　早饭

喝汤 xɤ²⁴ tʻaŋ²⁴　　　　　　　吃晚饭

稀饭 ɕia²⁴ fan　　　　　　　　面糊儿

合泡鸡蛋 xɤ⁴² pʻɔrtɕi⁴² tan　　冲鸡子儿

扁食 piɛn⁵⁵ sʅ　　　　　　　　水饺儿

锅饼子 kuo²⁴ piŋ⁵⁵ tsʅ　　　　饼子馍

锅盔 kuo²⁴ kʻuei　　　　　　　在锅里炕成的圆形饼子

疙瘩汤 kɤ²⁴ ta⁴² tʻaŋ²⁴　　　　把面搅得下到锅里能滚成疙瘩
的面汤

油果子 iou⁴² kuo⁵⁵ tsʅ　　　　油条、油饼类食物

好面 xɔ⁵⁵ miɛn　　　　　　　　白面粉

大茴 ta³¹² xuei⁴²　　　　　　　八角茴香

粉面儿 fən⁵⁵ miɛr³¹²　　　　　芡粉

黄花菜 xuaŋ⁴² xuar²⁴ tsʻɛ³¹²　金针

馍 mo⁴²　　　　　　　　　　馒头

受凉 sou³¹² liaŋ⁴²　　　　　　伤风

干哕 kan²⁴ yɛ　　　　　　　　恶心

teng 子 tʻəŋ³¹² tsʅ　　　　　傻子

井拔凉儿 tɕiŋ⁵⁵ paliãr　　　　夏季刚从井里提上来的凉水

污毒水 u²⁴ tu⁴² fei⁵⁵　　　　未烧开的温水

发疟子 fa²⁴ yo²⁴ tsʅ　　　　　患疟疾

拾药 sʅ⁴² yo²⁴　　　　　　　抓药

睡不着 sei³¹² putsuo⁴²　　　　失眠

发汗 fa²⁴ xan³¹²　　　　　　　用药物让患感冒的人出透汗

十、红白大事　日常生活

完亲 uan⁴² tɕ'in²⁴　　　　　　　结婚

打发闺女 ta⁵⁵ fa⁴² kuən²⁴ ȵy　　（父母）聘姑娘

传柬 ts'uan⁴² tɕiɛn⁵⁵　　　　　　定婚

好儿 xɔr⁵⁵　　　　　　　　　　　喜期，办喜事所选定的吉利日子

架新媳妇里 tɕia³¹² ɕin²⁴ ɕi⁴² fuli　攒亲太太

吃蜜 ts'ʅ²⁴ mi²⁴　　　　　　　　吃奶

吃晌午饭 ts'ʅ²⁴ saŋ⁴² ufan³¹²　　 吃午饭

尿泡 ȵiɔ³¹² p'ɔ²⁴　　　　　　　　小便

栽盹儿 tsɛ²⁴ tuər⁵⁵　　　　　　　打盹儿

瞌睡了 k'ɤ⁴² sei³¹² la　　　　　　困了，想睡觉

摆酒席 pɛ⁵⁵ tɕiou⁵⁵ ɕi　　　　　　置酒席

受屈 sou³¹² tɕ'y²⁴　　　　　　　　背黑锅

谝 p'iɛn⁵⁵　　　　　　　　　　　炫耀，夸耀

门面 mən⁴² miɛn³¹²　　　　　　　铺面

盘点 p'an⁴² tiɛn⁵⁵　　　　　　　　盘货

掌柜里 tsaŋ⁵⁵ kuei³¹² li　　　　　　老板

不还价儿 pu²⁴ xuan⁴² tɕiar　　　　不讲价儿

卷子 tɕyan³¹² tsʅ　　　　　　　　考卷儿

考上了 k'ɔ⁵⁵ saŋ⁴² la　　　　　　考取了

钢笔 kaŋ²⁴ pi⁴²　　　　　　　　　自来水笔

打瞎驴儿 ta⁵⁵ ɕia²⁴ lyer⁴²　　　　捉迷藏

打逮劳 ta⁵⁵ tɛ⁵⁵ lɔ　　　　　　　打陀螺

踢瓦 t'i²⁴ ua⁵⁵　　　　　　　　　跳房子

玩狮子 uan⁴² sʅ²⁴ tsʅ　　　　　　打狮子

打车轱轮子 ta⁵⁵ ts'ɛ²⁴ guluən²⁴ tsʅ　打车轮子（一种游戏）

害玄 xɛ³¹² ɕyan⁴²　　　　　　　　害臊

板倒 pan⁵⁵ tɔ⁵⁵　　　　　　　　　跌跤

不害赖 bu⁴² xɛ³¹² lɛ³¹²　　　　　不觉得羞耻

皮脸 pʻi⁴² liɛn⁵⁵   小孩子顽皮，不听话

搁挤住眼 kɤ⁴² tɕitsu iɛn⁵⁵   闭上眼睛

雅 ia⁵⁵   从：雅哪儿来？

上 saŋ³¹²   到：上哪儿去？

嘴啃泥 tsuei⁵⁵ kʻən⁵⁵ ȵi⁴²   嘴啃地

仰白脚 iaŋ⁵⁵ bɛtɕyo²⁴   仰八脚

雄崩（喷空儿）ɕyŋ⁴² pəŋ²⁴   谈天，闲聊

不吭气儿 pu²⁴ kʻən²⁴ tɕʻiər³¹²   不说话

不摆 pu²⁴ pɛ⁵⁵   不理

说梯己话儿 fɛ²⁴ tʻi²⁴ tɕixuar³¹²   说悄悄话儿

舔盘 tʻiɛn⁵⁵ pʻan⁴²   巴结

挨雄 ɣɛ⁴² ɕyŋ⁴²   挨说，被训斥

面了 miɛn³¹² la   丢了

板了 pan⁵⁵ la   扔了

撅人 tɕyɛ⁴² zən⁴²   骂人

撺人 tɕʻyo²⁴ zən⁴²   哄骗人

胁货 ɕiɛ⁴² xuo   大声喊叫

打渣子 ta⁵⁵ tsa²⁴ tsɿ   开玩笑

撂挑子 liɔ³¹² tʻiɔ²⁴ tsɿ   甩手不干，不想再履行职责

嘎叽人 ka²⁴ tɕizən⁴²   讽刺挖苦人

赶集 kan⁵⁵ tɕi⁴²   到市上去买卖东西

串门子 tsʻuan³¹² mən⁴² tsɿ   到邻居家闲坐聊天

冲人 tsʻuŋ³¹² zən⁴²   说话生硬不中听，令人不快

捻 ȵiɛn⁵⁵   用拇指和食指搓

吭个气儿 kʻən²⁴ kɤ tɕʻiər³¹²   说句话，答应一声

言一声儿 iɛn⁴² isə̃r²⁴   说一声，打个招呼

饿里慌 ɣɤ³¹² lixuaŋ   肚子饿

十一、其他

不咋的 pu²⁴ tsa⁵⁵ ti⁴²   不怎么样

长里好 tsaŋ⁵⁵ lixɔ⁵⁵   长相美

得法 tɛ²⁴ fa²⁴　　　　　　　　舒服

不得劲儿 pu²⁴ tɜ⁴² tɕiər³¹²　　　难受

吊蛋 tiɔ³¹² tan³¹²　　　　　　顽皮不听话

雄屁蛋 ɕyŋ⁴² pʻitan³¹²　　　　没本事，没能耐:
　　　　　　　　　　　　　　那家伙真是个雄屁蛋。

能 nəŋ⁴²　　　　　　　　　　精

暮糊 mu³¹² xu　　　　　　　糊涂

笨 pən³¹²　　　　　　　　　心里不开窍儿

抠索 kʻou²⁴ suo　　　　　　吝啬

得劲 tɛ⁴² tɕin³¹²　　　　　　趁心

吸呼儿 ɕi²⁴ xur²⁴　　　　　差点儿

呆故意儿 tɜ⁴² kuiər²⁴　　　故意

真 tsən²⁴　　　　　　　　　实在:这孩子真好！

白 bɛ⁴²　　　　　　　　　　不要:白说了！

净 tɕiŋ³¹²　　　　　　　　　白:净叫我空跑一趟。

饭蛋 fan³¹² tan³¹²　　　　　母鸡下蛋

对搭着 tuei³¹² tatsuo　　　迁就，凑合着

对头 tuei³¹² tʻou　　　　　有仇的对方

挺半分 tʻiŋ⁴² parfən²⁴　　各分一半

挺半砍 tʻiŋ⁴² parkʻan⁵⁵　　各分一半

妥贴 tʻuo⁵⁵ tʻiɛ　　　　　罢了，算了

妥唎 tʻuo⁵⁵ lɛ　　　　　　可以了

老是 lɔ⁵⁵ sʅ　　　　　　　总是

捋着 ly⁵⁵ tsuo　　　　　　朝着某个方向:捋着小河走。

惯里 guan³¹² li　　　　　　过于溺爱，娇生惯养

宽绰 kʻuan²⁴ tsʻuo⁴²　　宽阔

好多 xɔ⁵⁵ tuo²⁴　　　　　很多

架势 tɕia³¹² sʅ　　　　　指人的整体外形

万把子 uan³¹² patsʅ　　一万左右

星儿啦点儿里 ɕir²⁴ latiar⁵⁵ li　形容数量极少

心闷 ɕin²⁴ mən²⁴　　　　脑子不机灵，笨

正得 tsən³¹² tɛ²⁴   恰巧,正好

咋者 tsa⁵⁵ tsɛ   干什么?

咋着 tsa⁵⁵ tsuo   怎么,怎么样?

虹 tɕiaŋ³¹²   雨后天空出现的彩虹

煞戏 sa²⁴ ɕi³¹²   戏演结束

约摸 yo²⁴ mo   大约,估计

叫 tɕiɔ³¹²   照,依:叫我看还可以。

十二、儿化举例

腊八儿 la²⁴ par²⁴

老伴儿 lɔ⁵⁵ par³¹²

小孩儿 ɕiɔ⁵⁵ xar⁴²

相片儿 ɕiaŋ³¹² p'iar³¹²

豆芽儿 tou³¹² iar⁴²

小罐儿 ɕiɔ⁵⁵ kuar³¹²

花儿 xuar²⁴

一块儿 i⁴² k'u ɛr³¹²

座位儿 tsuo³¹² uer³¹²

唱歌儿 ts'aŋ³¹² kɤ r²⁴

老婆儿 lɔ⁵⁵ p'or⁴²

老头儿 lɔ⁵⁵ t'our⁴²

芭蕉叶儿 pa²⁴ tɕiɔ⁴² iɜr²⁴

橛儿 tɕyɛr⁴²

破五儿 p'o³¹² ur⁵⁵

面条儿 miɛn³¹² t'iɔr⁴²

汤圆儿 t'aŋ²⁴ yar⁴²

后门儿 xou³¹² mər⁴²

挨黑儿 ɣɛ²⁴ xiɛr²⁴

瓜子儿 kua²⁴ tsər⁵⁵

小米儿 ɕiɔ⁵⁵ miər⁵⁵

今儿 tɕiər²⁴

毛驴儿 mɔ⁴² lyər⁴²

村儿 ts'uər

小偷儿 ɕiɔ⁵⁵ t'our²⁴

小磨油儿 ɕiɔ⁵⁵ mo³¹² iour⁴²

瓜瓤儿 kua²⁴ zãr⁴²

鞋样儿 ɕiɛ⁴² iãr³¹²

鸡蛋黄儿 tɕi⁴² tan³¹² xuãr⁴²

门缝儿 mən⁴² fẽr³¹²

花瓶儿 xua²⁴ p'ĩr⁴²

小葱儿 ɕiɔ⁵⁵ ts'ũr²⁴